U0550377

51種沉默的技巧

Einfach mal die Klappe halten:
Warum Schweigen besser ist als Reden

提升溝通層次，更有效的說服

柯內莉亞・托芙 Cornelia Topf ——著
林繼谷 ——譯

目　次

CONTENTS

2 沉默的報酬

3 為什麼我們無法閉嘴

目次

CONTENTS

目　次

CONTENTS

目　次

推薦序

有時候，沉默才是適當的回應

胡瑋婷

那一天，女兒犯了錯，我見她稍微情緒恢復穩定後，便將她帶到臥房，準備耐心地與她討論剛剛發生的事情。

當時，我用溫柔的態度同理她的感受，希望她能一起探討自己行為所帶來的影響。我以為自己說得很好，既條理清晰，又充滿關愛，並保持開放的態度，讓她參與這場「檢討大會」。

然而，在過程中，她始終低著頭，安靜聆聽，沒有積極參與討論，這與她平時活潑多話的模樣落差極大。於是我問她：「有什麼問題嗎？妳怎都不說話呢？」

她突然抬起頭，無辜地看著我，語氣平靜地說：「媽媽，妳可以不要再說了嗎？我想去玩玩具了。」那一刻，我愣住了。

我知道，「好的對話」需要雙方的投入，「好的教育」也需要雙方的意願，而此刻顯然不是最佳時機。於是我選擇放手，讓她去玩玩具。事後，我回想這段過程時，才意識到，其實孩子比大人更懂得何時該沉默。

他們知道，當話語不再有幫助時，沉默才是最好的選擇，尤其大人在氣頭上時。

他們也知道，與其和父母爭辯，不如把時間用在更重要的事情上，尤其當大人滔滔不絕地說教時。

但是，大人往往不知道，有時最該沉默的人——是自己。

我們誤以為良好的溝通，來自於精準的語言與完美的表達，對方就能被說服。但這本書提醒我們：真正讓對話更有效、更有力量的，往往不是我們說出的話，而是我們選擇「不說」的時刻。

書中破除了許多關於沉默的迷思與誤解，並揭示了沉默的回饋與價值。同時，也透過實際案例，引導我們如何在關鍵時刻選擇適當沉默，讓思考更深入，讓對話更流暢，有效突破溝通困境。

這本書，推薦給急於回應與辯解、害怕冷場與沉默的人。如果你願意適時停頓，就會發現沉默能勝過千言萬語，因為有些話不說，反而更有力量！

這本書，也推薦給害怕獨處、透過談話來逃避內心空虛的人。當你學會擁抱沉默，會發現沉默並不可怕，它是最溫柔的人生旅伴。

最後，也推薦給深知沉默與聆聽重要性的人。這本書能幫助你更有信心地保持沉默，你會發現沉默帶來的安定感，無堅不摧。

（本文作者爲諮商心理師）

推薦序

無聲何時勝有聲？重新認識沉默的力量

蘇益賢

作為助人工作者，我對「沉默」二字特別有感。老師與前輩們總細心提醒，在心理治療的過程中，沉默是一項非常重要的工具。「適時」沉默，提供了個案與心理師更寬廣的思考與駐足時空；同時，也豐富了雙方在對談、交流時，另一種隱性的人際動力。

不過，知道是一回事，掌握「適時的藝術」又是另一回事。在受訓階段，真的進入諮商現場時，才發現「適時」是最難的兩個字。在一來一往的溝通中，我們只有一點點時間能想清楚：現在要說話嗎？要慢慢說，還是陪案主一起快快地說？要暫時不回應，還是要把沉默再拉長一點？

初次把沉默帶入會談的時候，我們還得練習按捺自身的內在焦慮，釐清焦慮的原因，不讓這樣未經檢視的焦慮，讓我們急著做出一些不利於治療效果的言行。幾經磨練、熟能生巧，在投入助人工作多年後，會談中的沉默已不像剛執業時那樣讓人焦慮了。於是，我才有機會進一步意識到，當治療師與案主雙方越能安住在看似空無的沉默時，在後續的對話就更有可能挖掘出更多雖然重要，卻一度被急切話語給淹沒的重要資訊。

相較於西方的個人主義文化，成長於集體主義文化之下的華人，或許對沉默並不陌生，甚至堪稱擅長。於是，我們被鼓勵要去學習說得更多、說得更大聲，好彌補我們較不擅長的那部分。讀完本書後，讀者或許有機會意識到，我們對沉默的認知可能並不完整：沉默不只是不說而已，而是一種容易被低估、卻深具力量的語言。

同時，在「語言」的溝通管道被暫時調弱時，其他溝通管道也有機會被更完整地運用，好比眼神接觸、身體語言、手勢與姿勢等等。溝通專家們一致同意，在高品質且具備深度的溝通裡，只用聽的是不夠的，我們還要去看、而且「用心看」——沉默則給予了雙方一個好好去看見的機會。

從行為主義觀點來說，任何行為都是有意義的。一個人選擇用怎樣的方式、說出怎樣的話語是有意義的；同時，他又透過怎樣的方式、在怎樣的時空背景之下傳達沉默，其實也可能深具意義。每一段獨特的關係中，沉默背後的意義又是什麼呢？相信讀者都能在本書中找到屬於自己的答案。

（本文作者為臨床心理師、〈心理師想跟你說〉共同創辦人）

推薦序

人生不留白，對話要留白

張忘形

我教溝通表達大概十年，我發現每個人都想學怎麼表達、怎麼說故事，甚至怎麼說服和談判。但後來我發現有一句話是真的，那就是：人狠，話不多。

有一次我去購物的時候，看了一個東西有點久，店員就跑來跟我介紹。當時因為我沒有馬上回話，店員就問我，是不是太貴了？他可以多少錢賣給我。

那瞬間我發現，原來沉默形成的尷尬感，居然可以有這種效果。後來我自己學習了溝通表達後發現，那時候店員因為沒辦法從我身上得到資訊，再加上我看起來好像不感興趣，所以降價好像是他唯一的說服點。

而在這本書提到，太多的話往往會讓人覺得你沒有準備好，反而會削弱你在對方心中的權威感。相反的，當你選擇沉默，並用沉默去表達自己對事情的深思熟慮時，對方會感受到你內在的穩重與智慧。

所以，如果當時我真的想要那樣東西，店員介紹完後給我一點時間，說不定不用降價，我就會買。所以我覺得沉默能夠帶給我們彼此的是：給出更多的空間。

講到這裡，我又想起以前看的古裝劇，皇帝都說很少話，就只是皺個眉頭，好像什麼都沒說，但好像又什麼都說了。而其他人都在想怎麼「揣摩上意」。就這樣，皇帝反倒可以從大家說出來的內容中做最後的決斷。

所以我覺得，比起「說」，這本書裡傳授更多的是「不說」。作者舉了大量案例來說明如何運用沉默處理各種棘手情境：不論是在商務談判中打斷對方的空洞話語，還是在家庭中面對家人、甚至伴侶的碎念，你都能找到依循的方向。

喔，當然，如果你很怕別人沉默，這本書也提到很多打破沉默與尷尬的做法，其中有一個章節是探討怎樣好好與自己對話，我覺得非常有趣。

作者也提到，處在壓力下的人特別容易急躁，一旦焦慮起來，很可能講話會變多、變快。如果看過這本書，你可能就能試著調整自己。更重要的是，當發現對方變得急躁時，你可以很平靜地看待，並在對的時候說話，幫助你拿回主控權。

看完這本書後，你一定會發現，沉默並不代表恐懼，而是我們很有底氣。更別提在溝通中，沉默可以幫助你好好聽對方說話。很多時候，關係會破裂不是來自於「說」，而是沒有人要聽啊。

所以希望你看完這本書後，更能體會在對話中「留白」的藝術！

（本文作者為溝通表達培訓師）

多嘴多舌的前言

人愛講話，只因為無法保持沉默。

——米蘭總主教安博羅修（Ambrosius von Mailand）

拜託一下，閉上你的嘴巴。

話多意少，這是全民通病

你覺得這句話不是針對你？你覺得我應該把這個呼籲的對象轉向政客、管理者、記者和主持人？還有你的老闆、某些同事、討厭的客戶、吵鬧的孩子、愛抱怨的親戚和鄰居的狗？那你大概也會同意，你我周遭充斥太多無用的廢話。整點新聞快報到處充斥；電話和手機響個不停；電台的放送無所不在；親愛的同事、員工、客戶、孩子和老闆一天到晚對我們發訊息；政客、主管和記者製造了一場言語洪流，淹沒了所有的理性思考。

我們生活在一個語言泡沫的時代，一個大家不停地說話、卻幾乎沒有什麼實質內容的時代。這讓人煩躁、讓人緊張、徒然消耗精力，但這還不是最糟糕的……

更糟糕的是，大多數人都已染上這種言之無物又愛講話的惡習，同時又沒意識到，這樣做會對自己和周遭環境造成什麼樣的影響。幾乎每一週，我都會在輔導或在研討會中，遇到某位主管抱怨：「我對員工說什麼都沒用，他們就是不聽！」父母對孩子的溝通更直白：「難道要我講一百遍嗎？」他們認為，叫兒子去整理房間，已經提醒幾十次了，但他還是懶洋洋地坐在電視機前。但實情恰恰相反，正因為他們已經提醒過幾十次，孩子才繼續坐在那裡。這個小傢伙根本不把父母當一回事，因為他從經驗中得知，等到父母念了一百遍，他再來行動也不遲。他學到了父母的溝通就是打嘴砲，他們就是愛嘮叨。這個孩子非常聰明，比起他那話多的父母聰明多了。他的父母居然把碎碎念和教養責任混為一談，他們的話不再具有分量，甚至對一個八歲小孩也發揮不了作用，因為他們說了太多話，因為他們無法保持沉默。

噓……

一個人說得越多，效果就越差。話多的人，沒有人會認真對待。

為什麼呢？因為任何人聽到他人喋喋不休，都會很尷尬地意識到，那些愛講話的人根本不清楚自己在胡說些什麼。一個人說得越多，似乎就越不了解自己所說的內容。或者我們可以改編一下德國作家漢斯．卡羅薩（Hans Carossa）的一句話：「內行人三句話就能說清楚，外行人需要三十句。」用這個標準來衡量，我們的政客、上司、董事、主持人、父母、老師、教練和親戚，似乎大都不是內行人，這實在令人震驚。或許這對你來說並不重要，但問題是，為什麼你要效仿他們？為什麼會有人想要淪落到講話沒人聽的地步？是受虐狂？還是無知？

正如俗話所說：「言語是銀，沉默是金。」在這個言語氾濫的時代，強而有力、意味深長的沉默，往往就是最好的論證。雖然不是時時如此，卻是越來越常這樣。這是一種我們很少使用的論證方式，因為我們已經忘記了沉默的高深藝術。想想那些你認為特別有說服力、堅定、真誠、值得尊敬的人，很奇怪，不是嗎？這些人都不是愛講話的大嘴巴，他們的話之所以有分量，是因為用字遣詞都很節制。

沉默是最被低估的言語表達手段

能保持沉默的人，或是重新學會沉默的人，不僅能贏得周遭的尊重，還能獲得前所未有的影響力。透過沉默，思想得以成長，並帶領人們進入個人發展和精神領悟的領域——這些領域對他們而言曾經是封閉的，如同一個遙遠的國度，如今卻近在咫尺，觸手可及。世界上的所有宗教，都以各種方式實踐靜默冥想，這絕非偶然。當我們在言語上與世界保持距離時，反而會更接近世界、更接近自己、更接近他人、更容易獲得他人的尊重。讓我們收拾行囊，在這片充滿希望的國度上展開旅程吧。

1

靜默的奇妙世界

不僅能一起交談，還可以一起沉默的朋友，
是天上掉下來的禮物。

——*克莉絲塔·法藍茲（Christa Franze），舞者*

沉默有益

現在有什麼事情是真正對你有好處呢？能賦予你力量、讓你放鬆，同時還讓你充電？全世界的人都把「休息」、「和平」和某種意象聯想在一起：站在高山之巔或無人的海灘上，單純只為了享受靜默。奇怪的是，所有人都認為這樣做能帶來放鬆和舒緩（即使是那些急性子或追求刺激的人，也能獲得短暫的寧靜）。無論是中非的土著居民，還是倫敦金融區的白領，都是這麼認為。那你呢？你上一次感受高山的孤寂或夜晚海灘的靜默，是什麼時候？

這看起來真的很矛盾：靜默的本質是「無」，卻出人意料地能帶來這麼療癒的效果。我們已經習慣了相反的情況：頭痛時，就要吃阿斯匹靈，阿斯匹靈是有形的，而且能發揮作用；但靜默是無形的，卻依然能產生效果。這種看似矛盾、卻強大的靜默力量，我們也能在日常生活中運用，比如將它融入我們的溝通之中。所以，偶爾靜一靜吧。不，不是現在，現在你已經很自然地安靜下來。當你合上書本，再次與人互動時，請保持沉默。你皺眉了嗎？你並不是唯一一個。這種在對話中偶爾保持沉默的建議，甚至會讓一些學者感到震驚，讓他們非常困惑。有位參加研討會的學員，他是某家工業集團的部門主管，曾經這樣回應：「但我總不能在老闆問我事情的時候保持沉默吧！」難道有人要求你這樣做嗎？保持沉默真的有這麼困難？甚至困難到讓一位擁有高學歷的管理者認為，自己必須先拿怒氣衝天的老闆來試試？

噓……

我們常常不知道什麼時候該說話，什麼時候該沉默，所以應該重新學習這項能力。

有時候，媽媽們比管理階層更會運用語言能力，比如面對孩子時，沉默往往能收到奇效。有一個媽媽告訴我：「最近我的小女兒又開始愛看電視，不肯寫作業。我走進她的房間，本來想像往常一樣罵她一頓，但我忍住了。我只是帶著不滿的表情看了她一眼，然後就走了出去。五分鐘後，電視就關掉了。如果我和她爭吵，每次都要提醒她，那至少要花半小時，她才會關掉電視，這會讓我們母女都筋疲力盡。」本來媽媽要念三十分鐘，現在只要五分鐘？相當驚人，而且這位母親一句話都沒說。為什麼會這樣？因為沉默確實有效。當然沉默並非總是奏效，但因為已經說了太多，言語再也無法產生效用時，沉默就會發揮它的作用。

然而，許多人就是不明白這個道理。當發現自己說的話毫無效果時——他們只會說更多的話。他們會不斷重複同樣的模式，而不願改變。這種對於模式的固著，不僅出現在話多的人身上，也充分反映了我們在溝通中的一個特點：大多數時候，我們說話不是因為這樣做有意義或有幫助，而是因為這是一種難以改掉的（壞）習慣。所以英國人有句諺語：「草率的言語會付出生命的代價。」說話的人應該深思熟慮，而不是信口開河，因為：

噓……

言語會激化或固化誤解，而沉默不會。

因為沉默（如果運用得當）不會引起叛逆心理。如果媽媽叫女兒要關掉電視，女兒自然會反抗，純粹是出於叛逆心理。但如果媽媽保持沉默，會喚起女兒內心的良知或正常的理智（至少有這樣的可能性），而這種內在的反應遠比任何外在的勸誡更有力。當然，媽媽的沉默只有在先前已經說過一些話的情況下，才能奏效，像是女兒已經被念過幾次，要先完成作業，然後才能如何如何……

沉默是有效的，媽媽選擇了沉默，而非說教，因而奏效。那麼，從女兒的角度來看，情況又是如何呢？女兒同樣也是保持沉默。她還做了什麼？她的內心飽受煎熬，本來已經在電視機前舒適地坐好，正準備好好享受一下，沒想到媽媽突然走了進來。這個嘮叨個不停、找碴的媽媽，正準備徹底毀了女兒的悠閒午後。如果女兒大聲抱怨說：「整天寫作業、寫作業，難道這個家連半小時看電視時間都不給嗎？」沒有人會責怪她（除了媽媽），因為發洩一下總是好的……

這本書想傳達的訊息是：多多閉嘴。
然而，如果一個人只是出於無奈而沉默，把侮辱吞下肚，內心卻因憤怒、挫折或自尊心受傷而怒火中燒，那就沉默過頭了。

就像世間萬物，沉默也有過與不及。雖然我們生活在多話的時代，但仍有許多人過於沉默、沉默的時間過長，比如那些總是默默承受、最後大爆發的人。許多人在感情和家庭中，總是忍耐過久，最後才開口反抗。這種沉默的過與不及已經失去平衡，需要重建。我們整個社會都有些失衡：一方面是那些總是壓抑自己、最後生病或不知道什麼時候爆發（或這兩者皆有）的人。另一方面，有些人對於最輕微的冒犯，都會花費數小時用指責、控訴和謾罵來回應。這兩者都失衡了。因此，我更欣賞那些懂得什麼時候該說話、什麼時候該沉默的人。

我曾在德國某大城市的行人徒步區看到這樣一幕：兩名工人正在搭建鷹架，其中年輕的那個不小心掉落了一個鷹架零件，差點砸到一名行人，把他嚇了一大跳。現場大約有十幾名路人停下腳步，帶著幸災樂禍的表情，等著看師傅怎麼教訓徒弟。然而，師傅只是禮貌性地對受到驚嚇的行人道歉，然後對他的徒弟說：「尤爾根，這些零件比看起來還要重，所以搬的時候一定要用兩隻手。」接著又說：「下次不要再這樣了。」然後他繼續默默地工作。我相信，如果他當場按照一般規矩，花五分鐘痛罵徒弟一頓，那麼徒弟只會因為羞愧和自尊心受挫而什麼都記不住，下次還是會犯同樣的錯。這位師傅知道什麼時候該說話（少說話）、什麼時候該沉默（多沉默），你覺得呢？

Try!

試著想一想，你在什麼時候、在哪裡、和誰可以稍微沉默一下？在什麼樣的場合呢？一開始你可能想不出來，沒關係，慢慢就會有了。因爲你經常會說話，而說話的時候，你自然而然就會想到沉默。不過請注意：在對話中沉默，並不代表不用說話，而是意味著：在對話中忍住兩、三次不要急著接話，放過一個（倉促地）回答的機會，偶爾嘗試一下不要說話，並觀察這對自己和談話對象有何影響。

噓……

說話和沉默是姊妹，是相輔相成的表達方式，兩者結合在一起，效果遠勝於單獨使用其中一種。

為什麼只有少數人知道這個美好的沉默世界

為什麼只有少數人知道這個美好的沉默世界？其實很多人都知道了，你並不孤單。我之所以寫這本書，是因為我在輔導、培訓、諮詢，甚至在私人的場合中，遇到越來越多人逐漸意識到，自己說了太多的話。

以下蘇西說的感受，想必大家都經歷過：「每次和我的另一半吵架過後，我都會後悔不已，恨不得咬掉自己的舌頭。我總是會說出一些事後非常後悔的話，他一定也是這樣。」銷售員跟我說：「我在談報價的時候，就是管不住自己的嘴！我總是太快開始談折扣，而我給的優惠遠高於一般，我老闆應該很快就會受不了。但是當客戶開始抱怨時，我就是管不住自己的嘴皮子。」

對於言語也是如此：話太多就是浪費。

Try!

在什麼情況下、與哪些對象交談時，你會說得太多？怎麼樣算是說得太多？你覺得應該在哪裡打住話題？

這只是一個簡單的小練習，但如果你（即使只在腦海中）跟著指引做練習，就向前邁出了一大步，而且比起同時代的人領先不少。

噓……

大多數人都沒意識到，自己在特定場合上說得太多了。

即使另一半、孩子或同事曾經提醒過，但他們都沒有意識到自己說得太多了，因為他們搞不懂，所以會認為：「但該說的話還是要說啊！」也就是，他們真的無法想像，有時候「不說」遠比「說出口」說得更多，這超出了他們的抽象思維能力。很可惜，只有意識到自己有時話說太多的人，才能懂得沉默。也只有懂得沉默的人，才能進入靜默的奇妙世界。

效果驚人

人開始有意識地保持沉默，而不像以前那樣不假思索隨意亂說時，就會產生令人印象深刻的效果。這種效果可能會影響他們的談話對象，也可能影響自己。通常是兩者都有。

一名女性上班族告訴我：「在公司的休息時間，我通常會和一個同事一起批評主管、同事和客戶。昨天，我沒有像往常一樣積極參與八卦，更多時候是保持沉默，專心聽她說、點頭，並發出同意的聲音。過了一會兒，她就不再八卦了，開始跟我分享自己的事情。她講到自己的離婚、兩個孩子和賣房子。我之前根本不知道她必須賣房子。大概也是由於這個原因，她最近才經常有點情緒化吧。」

講話的人，無法聆聽

這真是令人難以想像！一個人和你朝夕相處、共事多年，而且是在這麼狹小的空間裡共處，你竟然完全不知道，她即將賣掉自己心愛的房子！這都是因為我們太愛說話，但不懂得傾聽。其實，懂得沉默的人，反而更能理解這個世界和周遭的人，因而能獲得截然不同的尊重。我們可以想像，那位因為即將賣房而傾訴心事的同事，一定很感激終於有人願意聆聽她的煩惱，這種事往往連在自己家裡都很難說出口。

有位業務員在教練課程中告訴我，他覺得自己可能必須找份新工作了，對此他深感不安：「在這個時候？我們這個產業到處都在裁員，我應該慶幸自己還有工作，但老闆快把我逼瘋了！」他們每天至少都會吵上二、三十分鐘。我建議這位業務員不要換工作，而是改變他的談話策略。我告訴他在下一次爭吵時，每說一句話就忍住下一句話不說。他雖然沒能完全做到，但至少可以每說三句話就忍住一句，結果十分鐘後爭吵就結束了：「我老闆不再像以前那樣激動，這也難怪，畢竟我反駁他的次數少了三分之一。」那麼，這位業務員有沒有因此省略了原本該說的重點呢？沒有，這正是最妙的地方。我們完全可以省略掉大約一半的話——而且效果一樣。在衝突中，有時我們甚至應該完全不說話。

Try!

下次有機會時，試著保持沉默，並觀察你的沉默帶來的影響，看看它會對你的談話對象和你自己產生什麼樣的作用。將這種影響和一般對話過程的影響進行比較，兩者之間的差異在哪裡？差異有多大？具體的表現又是如何呢？

我們有多麼不習慣沉默，從一個簡單的練習中就可以看出：常常有人會提出一堆奇怪的問題像是：「可是如果有人問我問題，我總不能不回答吧！」許多人都會這樣說，但有人叫你不回答嗎？當然，每一個必須回覆的問題都應該得到回答，否則就太不禮貌了。但難道有人會不停問你問題嗎？這種奇怪的質疑，背後就隱藏著言語氾濫的真正原因：

噓……

大多數時候，我們講話並不是經過深思熟慮，而是反射性地回應。

這一點在衝突的情境中，更加明顯。麥可對蘇西說：「妳這個蠢貨！」事後蘇西對我說：「他這樣罵我，我總得反擊吧！我不能白白被糟蹋啊！」為什麼蘇西會「被糟蹋」？正如同羅斯福總統夫人愛蓮娜女士所說的：**「只要你不接受侮辱，就沒有人能侮辱你。」**我們要先接受那些「糟蹋」，「糟蹋」才會落在我們身上。麥可認為我是蠢貨，這和我有什麼關係？只要我自己不這麼認為，就當成某人對我的意見就好了。但我們不這樣想，而是立即反擊，出於反射而非思考，毫不猶豫——這只會讓爭吵升級。

當然，在這種情況下的確很難閉緊嘴巴，然後用一種高傲、輕蔑的笑容說：「老兄，你就繼續說啊！」來無視對方的粗魯。但這正是我們快嘴的原因。快嘴雖然不好，但總比表現從容要容易的多。因此，我們經常忍不住開口。在第3章，我們會深入探討為什麼保持沉默有時是如此困難——即使這樣做，對自己更有利。

有些人學會了抵抗急於說話的誘惑。例如：有一位以果斷著稱的部門主管向我坦承：「當爭執已經偏離任何有建設性的方向時，我通常會保持沉默，並且持續下去，這樣做總是很有效！」要麼吵架的人會自己氣呼呼地走開，這樣很好。不然就是他會冷靜下來，不再那麼情緒化，變得更實際一點——這樣就更好了。但要小心：

沉默的人，不應把沉默當成挑釁或反抗的表達方式。

噓……

因為這種形式的沉默，顯然會激化所有的溝通，並導致關係受到損害。這不是很令人訝異嗎？原來沉默也有不同的形式！可以是有建設性的，也可以具破壞性。永遠不要讓你的另一半感覺到，你在用沉默對抗他，例如：冷冷地看著他、雙臂交叉、板著臉（肢體語言！），這樣會讓人感覺遭冷落與抵制。相反的，請讓他感受到，你總是默默陪伴在他身邊，隨著對話的進行，思緒要放在他和所談的內容上面。記住這些建議，你甚至可以打破沉默的規則。前文剛提到，千萬不要在有人提問時保持沉默。但如果你是為了維持關係而保持沉默，這樣做是可以的，而且出奇有效。

反抗的沉默和關懷的沉默，兩者之間是有區別的

有位人妻在一場研討會中和我分享許多妻子都很熟悉的事：「我先生每天晚上回家，會向我和孩子們打招呼，問我們今天過得怎麼樣，然後就開始講述他一天發生的事情。我常常沒機會跟他講述我們的一天，因為他的工作顯然更加精采，故事也更多。前天我第一次沒有像平常一樣禮貌性地回答：『嗯，不錯，你呢？』只是轉身面向他，微笑並保持沉默。」過了一會兒，她的丈夫才意識到這不尋常的沉默，隨即擔心地問：「親愛的，妳怎麼了？發生什麼事嗎？」那天晚上，他聽她講話的時間，至少比平常還要久得多。為什麼呢？為什麼沉默往往比言語更有效？

為什麼沉默會有效

令人驚訝的是，沉默之所以如此有效，背後有許多充分的理由。接下來，讓我們看看最主要的影響因素。

意外效應

所有不尋常的事情通常都會產生好到不尋常的效果。在這個多話的世界裡，沉默是人們在溝通中最不尋常的體驗。以前文那位員工的主管為例，在第五百次的爭執中，主管無疑會期待這位員工就像前面那四百九十九次一樣，再次讓他難堪，並持續頂嘴。但員工這次並沒有這樣做！至少沒有像以前那麼頻繁。這讓主管感到訝異，也會不安。感到不安的人，通常會踩煞車。沉默能讓每一個衝突中的對手失去氣勢，因為原本他已經準備好要吵架了，沉默首先會讓他感到意外。

遊戲中斷效應

如果我對你說：「你居然在看這本書！這表示你的溝通能力很糟糕啊。」你會強烈反駁我嗎？如果會，那我就贏了。因為當有人指責你時，他們最主要的目的就是挑釁。一旦你反駁，就表示你中了挑釁。這種挑釁時就料定你會反駁，有如棋局的預判，這就是為什麼人際溝通分析學家會把它稱為「遊戲」。這樣的溝通遊戲有數十種，例如：指責—辯解、主張—正當化、指控—對簿公堂、抱怨—安慰、威脅—反擊……美國導演約翰．貝德漢（John Badham）的電影《戰爭遊戲》，由年輕的馬修．柏德瑞克（Matthew Broderick）主演，片中敘述五角大廈的電腦差點毀滅全世界，因為它想用核彈反擊核災事故：有來有往。第三次世界大戰也可能是一場遊戲。在電影中，年輕的主角用了一個比喻，讓電腦明白一個道理，電腦最後總結是：**「真是一場有趣的遊戲，唯一的贏法就是不玩。」**人際溝通分析學派的核心觀點，適用於所有溝通遊戲：參與遊戲的人已經輸了、被挑釁的人已經輸了、用辯解回應指控的人已經輸了、用威脅反擊威脅的人已經輸了，因為他們都失去冷靜，也就失去互動的可能性。

沉默之所以有如此大的作用，是因爲它能打斷語言遊戲。

我們一直在玩這種遊戲！大約九九%的人際溝通，都涉及各種明示或暗示的遊戲。沒有人會只是單純地講：「請關上門！」這句話背後總是隱藏著這些意思：「你怎麼能讓門開著？」或者「我在生病，受不了風吹。」或者「為什麼每次你開門以後都是我在關門？」如果我回應這些隱藏訊息，那我就已經深陷遊戲中，這也解釋了為什麼我們往往覺得沉默難以做到。

「你這個笨女人！」——「你才笨！」這種對話進行得如此自動，讓我們大多數時候都沒有意識到，自己又掉入了一個語言遊戲。我們落入「誘餌」陷阱，這個誘餌就是我們受傷的自尊心。我們感到受傷，於是用語言反擊。這並不是因為我們的反射動作比大腦更快，而是因為我們沒有識破這個「誘餌」，所以立刻中計了。

如果不能在適當時刻保持沉默，你就會掉進很多圈套中。

當然，要識破這一類的挑釁，需要一點練習，但這種練習很快就會帶來回報。一名內勤女主管告訴我：「史密茲不爽我這個女人當他的上司，他總是拐彎抹角地暗示我能力不足。以前我會反駁，我們經常爭執。但這樣下來只是徒增沮喪和浪費時間，什麼都沒有解決。現在我識破了他的伎倆，他只是想激怒我，我不會再讓他得逞了，直接無視他。有時這會讓他更加生氣——我反而拍手叫好。但更多時候，他會放棄，因為他知道我已經不會再被他挑釁了。」沉默可以避免那些愚蠢的辦公室和家庭遊戲，在這些遊戲裡最終所有人都是輸家，包含挑釁者本人。

啟動效應

沉默會激發思考，包含你和對方。

最近我看到一個爸爸在教兒子踢足球，小男孩連從五米遠的距離都射不進穀倉大門。爸爸自己可能是個有天賦的足球選手，但已經因大聲指點而上氣不接下氣：「上身前傾，支撐的那隻腳要跨出來，用手臂保持平衡，多用腳背，不要踢得軟綿綿的……！」這真是毫無希望，小男孩一個球接著一個球，最後不知道把球踢到什麼地方去了。

但我更同情這位爸爸，他漲紅了臉，看起來心臟病快要發作了，最後救了他的不是他的智力，而是他的體力透支了。他的話也越說越少，越來越沉默，顯得越來越沮喪，但兒子竟然踢得越來越好。過了一會兒，兒子甚至問：「我要怎麼把球踢到半空中呢？」這個爸爸以前可能是個後衛，有足夠的聰明，能從錯誤中學習教訓。他反問：「你會怎麼做呢？」小男孩說，他想在射門的時候上半身向後傾。爸爸什麼都沒

噓……

再說，他默默地豎起了大拇指，他在這天中午學到一件事，這是每個後衛、爸爸、男人、甚至女人都應該學的：

不停地對別人說教，都會使對方的大腦當機。保持沉默，才能激發對方的思考。

保持沉默不僅激發智力，還包含對方的責任感、理解能力、興趣和投入程度。當然，並不是每個人在你保持沉默以後都能恢復理智，有些人根本沒有思考能力可供啟動。只是，本來就沒有的東西，你用再激烈的言詞也無濟於事。遺憾的是，很少有人能明白這一點。當我們想激勵別人時，往往會不斷地對他們說教，但最終會感到失望。因為所有的勸說都不能長久地發揮作用，外在的激勵總有一天會失效，而且往往很快沒作用。內在的動機，也就是發自內心的動力，效果更強大，也更持久，我們可以用語言喚醒這種內在動機。但同樣重要的是，當話已經講得夠多了，我們應該保持沉默，讓對方自己激發內在的動機，你絕對無法透過說教來達成這種自我激勵。

教練原則

沉默能有效激勵人心，也讓它成了教練輔導中最核心的原則之一。這幾乎沒有人知道，卻是最有效、最快速改變的方法。一個經典的例子就是，主管在訓話時反其道而行。一位部門主管曾經提到：「過去我在一本美國著作中讀到一個方法，之後就一直這樣做：以前當員工犯錯時，我會花半個小時跟他講道理，直到他放棄了那些愚蠢的藉口，點頭認錯並保證改進。後來因為我受夠了這種永無止盡的爭執，所以乾脆反其道而行：我把員工叫進辦公室，讓他坐在我的主管椅子上，而我坐在對面訪客的位子上，然後告訴他，我們現在要角色互換，讓他告訴我，如果我犯了他犯的過錯，他會對我說什麼。」這真是革命性的做法：主管不再訓話，而是選擇沉默——甚至讓自己也被訓！

結果，員工往往會比部門主管原先預期的，更加嚴厲地批評自己。而且他們會主動提出未來如何避免犯同樣錯誤的建議：沉默能激發思考！這也就是顧問和教練之間的根本區別：

噓……

顧問給出建議，但很少有人會遵循，因爲這些建議「不切實際」。而教練是透過提問和保持沉默，激勵學員自己找出解決方案。因爲這些解決方案是自己想出來的，學員通常會更願意執行。

如果父母勇於將教練原則應用在育兒上，往往能取得令人印象深刻的成果。最近一位朋友甚至讓他的孩子學會了一進門就把鞋子放進鞋櫃。三年來，這孩子一次也沒做到，這期間至少聽了五百次以上的嘮叨。後來，這位父親決定不再碎碎念，只是問孩子怎麼樣才能把鞋子收好，然後保持沉默。孩子表示自己不知道怎麼做，爸爸繼續沉默，最後孩子自己想出一個辦法。自此以後，孩子至少每五次就會把鞋子收好一次。這證明無須多言就能取得巨大成功。

顧問有時候會用善意的建議來應付尋求諮詢的人，這就應驗了那句諺語：「好心辦壞事。」而教練知道這一點，所以他們很少提問，大多保持沉默，讓學員充分思考。能夠保持沉默的人，就能激發別人。

謹慎原則

每次我主導或參與談判時，總是對那些冷靜、沉著與自信的談判對手印象深刻。過去我常常思考，這些人比起那些屢戰屢敗的新手，到底好在哪裡？當然，老手有時會擁有更強的論點和更堅定的自信，但他們的話講得更少，也更精練。他們不會浪費任何一個字，每個字都分量十足。用少少的字，他們就能進行談判；用更少的話語，能達到相同的目標，而剩下的時間保持沉默。他們沉默的時間和頻率，有時是那些話多的人的兩倍，因此也算是雙倍的成功。

這種在談判中保持沉默的能力，似乎也與國籍有關。一位來自國際營造公司的英國談判專家曾告訴我，與日本人談判很困難：「為了與他們的總部協調，他們每半小時就會要求休息一下。」德國人就容易對付得多：「即使談判已經遠遠超過德國管理者的權限範疇，但他們也不會要求暫停來進行思考，而是繼續興致勃勃地談下去，結果往往是多說多錯，進退維谷。」這都是因為他們選擇了說話，而不是沉默。

在談判中，有時候保持沉默比說話更好，這一點古羅馬詩人波愛修斯早就知道了，他曾經說過：「如果保持沉默，你就一直是個哲學家。」換句話說，哲學家不會隨便亂講話。如今，哲學家幾乎已經絕跡，或者，你認識幾個人說話前會三思而後行？會在開口前謹慎斟酌自己的話語？

噓……

在說出蠢話之前，最好還是保持沉默。

這點大家都知道，但為什麼做的人這麼少呢？原因在於：他們不想因為沉默而讓別人認為自己有點笨，因此寧願不假思索地胡亂說話。其實更好的做法是，用另一種方式來消除這種顧慮，比如解釋自己沉默的原因：「我需要先考慮一下。」我們往往想不到這麼簡單的句子，反而會亂說一通，事後才後悔。之所以會這樣做，是因為大多數人都認為他們可以同時做兩件事：說話和思考。這對於一些日常性的思考是適用的，你可以一邊跟另一半聊天氣，一邊塗抹麵包。但如果有人真的這麼做過，就會發現，在塗抹麵包的時候不說話，會塗得更均勻、更快。

當一個人意識到這種無法兼顧的現實時，很快就會對自己說話時的輕率感到惱火。我甚至在回答像「你好嗎？」這類簡單問題，都會先花幾秒鐘思考一下。因為我對那種無意識的反射性回答「我很好，謝謝，你呢？」感到厭煩，覺得太表面、不真誠。有趣的是，這對我的談話對象產生了意想不到的影響。他們本能地察覺到，我給出了誠實、經過思考的答案，於是他們也願意如此誠實和坦率。當時我覺得這些對話非常愉快（我的對話對象也這樣覺得），但如今我不會再每次都這麼做了，這讓我們更接近另一項認知：

噓……

你不需要一直保持沉默。你完全可以選擇沉默或說話。但是，如果你沒有經過選擇，總是脫口而出，那就有問題了——也就是你的影響力出現問題。

即使你沒有察覺，周遭的人也一定會發現，他們會因此受苦，或是反過來利用你。因為那些不經思考就隨便說話的人，很容易被操縱。為什麼？如前文所述：因為人無法同時仔細思考和說話。

安撫效應

沉默不會引發對抗

我們生活在一個忙碌的時代，這麼多人、這麼多事，總是讓我們感到心煩。大家到底想從我們這裡得到什麼！大多數老闆只要一開口，就會讓我們感到煩躁，更別說一些同事、員工、客戶、供應商、親戚、小孩……。你是否曾經想過，別人可能也同樣對你感到煩躁？為什麼會這樣呢？老闆只要隨便講幾句對於未來三個月業務展望的話，就能讓一半的部門員工對他產生反感，這是怎麼回事？答案很簡單，你猜到了嗎？那就是：因為他開口說話了。

噓……

大多數人都不知道，即使是中立言論，也總會引發一定程度的反感、抗拒或牴觸情緒。

老闆仗著自己是老闆，想講什麼就講什麼，他的話就可能會引起大約三分之二的員工反感。這項經過溝通研究的實證發現，經常讓管理階層感到困惑。大多數的領導者仍然相信，員工會像聽福音一樣地聽他們的話，這真的錯得很可悲。

最近有一位企業職工委員會的主席告訴我，新一輪的工資談判並沒有像以往那麼緊張。我問他，是否老闆最後終於提出了一個合理的要約。這位職工代表搖了搖頭：「他只是比平常少說了很多，也許他那天心情不好，但這對我們來說實在太爽了。」

讓人驚訝的是，在許多對話情境中，你說的每一句話，都會讓談話對象感到痛苦。沉默不會帶來痛苦，甚至可以緩解痛苦。所以請體諒你談話對象的神經，少說、多沉默。

嘘……　沉默能激勵人心

激勵效應

如果有人想要或必須激勵他人時，他們會做什麼？他們會演講，這合情合理。為什麼呢？為什麼鼓勵、鞭策、威脅和好言相勸，都變成了激勵的同義詞？是誰開始這樣用的？我認識最擅長激勵人心的人——無論是父母，還是其他領導階層——出乎意料地都很少說話，他們沉默的時間比說話還要多，因為：

少說話，多沉默，最能激勵人心。

我曾在一家製造廠中目睹一個非常有說服力的例子。一位新的生產主管必須告訴員工，新的幫浦要便宜二〇％，才能和亞洲的產品競爭。當我到達那裡時，他向我眨了眨眼：「今天我會進行一場大規模的動員演講。」我本來期待的是一場兩個小時的「揚帆啟航」演講，內容充滿像「我們做得到！」之類，就像我從其他高層那裡聽過的一樣。

結果這位生產主管讓我大吃一驚，他兩分鐘就說完了。他走進廠房大廳，在集合好的員工前面已經搭了一個小講台，上面有兩個用布遮蓋的物品。他揭開第一個物品的布，是那個討人厭的亞洲幫浦，上面有個大大的價格標籤寫著「兩百八十歐元」。然後他又揭開了自家的幫浦：「三百五十歐元，賣不出去！」員工們的下巴都驚掉了。然後這名部門主管只說了一句話：「我們有三個月的時間，讓我們製作一個新的價格標籤吧！」動員演講到此結束，但是他和員工還是圍著這兩台幫浦，激烈討論了一個小時。這正是少說話、多沉默有激勵效果的最佳範例，員工們已經熱烈討論各種降低成本的建議。如果是聽了一場兩小時的「動員」演講，他們絕不會這樣做。他們可能會先去喝杯咖啡、點一根菸、擦擦額頭上的汗。為什麼這麼少人理解這一點呢？

嘮叨並不能激勵人心！少說、多沉默才是最好的激勵方程式。這其實從字面上的意義就能理解：激勵的意思是驅使他人行動。但我怎麼能只靠講一堆話，就驅使他人行動呢？話講得太多反而讓人消極，傾聽才能讓人積極。

如果你仔細思考，就會發現，上述這位生產主管之所以能透過沉默來激勵員工，正是因為他先前所說的話強而有力：「三百五十歐元，賣不出去！」這其中隱藏了一個祕訣：善於用字遣詞的人，往往只需要寥寥數語就能表達清楚；話多並不代表他有很多事可以說，反而顯示出此人懶於思考，找不到最能傳達自己想表達內容的精簡有力詞句。

過去，邱吉爾並不像其他政治家那樣，發表冗長的演說來動員人民抵抗德國侵略者，他只發表一篇簡短的演講，一開頭就說：「我唯一能給你們的只有血、汗和淚。」即使是最遲鈍的人，也能明白事情的嚴重性。現今的一般管理者想傳遞這樣的訊息，可能需要半小時；一般的政治人物就需要兩小時……

噓……

找出幾句強而有力的詞句，並在關鍵時刻保持沉默，才是有效的溝通之道。

沉默會喚醒責任感

自主性效應

為什麼一個十四歲的女孩會在媽媽沒有開口、只是嚴厲地看著她並保持沉默的情況下，主動關掉電視？因為這個女兒已經為自己看電視的行為承擔了責任。沉默能達到這樣的效果，言語卻往往不能。

一位財務主管在教練輔導時向我抱怨，他必須不斷幫二十七歲的兒子擦屁股，每次他都威脅兒子：「這是我最後一次幫你了，你必須自己學會獨立！」這種千篇一律的責任感訴求對兒子有用嗎？

你想也知道。我建議他，下次碰到類似情況時——而且這一定會再發生——別像以往一樣說教，也不要立刻伸出援手，而是試著保持沉默。他應該先問兒子：「然後呢？這次你想讓我幫你做什麼？」兒子顯然感到很不自在，因為他已經習慣每次闖禍，老爸就會很不高興地掏出支票簿。所以當兒子試探性地拋出一個讓老爸再次幫他解圍的提議時，父親只是挑了挑眉毛。因為他想要的不是幫兒子擦屁股，而是希望兒子能自己想辦法解決，於是他一直保持沉默，直到這個大學生兒子終於說：「好吧，我知道了，我會自己解決，但至少告訴我應該怎麼做。」這一點父親很樂意幫忙，因為他總算實現了目標：讓兒子終於開始為自己的行為承擔一部分責任，這是過去他透過各種說教都無法達到的。

常常有人問我，該說什麼才能說服別人？他們通常會對我的回答感到驚訝。因為我告訴他們，或許應該少說一點，多沉默一會兒，這樣反而更具說服力。當然，上述例子中的父親為了不說話，幾乎咬緊了牙關，他的怒火就像堵在喉嚨裡。但看到自己努力忍耐、保持沉默所產生的效果時，他問自己，也問我：「為什麼我沒有早一點這麼做呢？這原本能幫我省下很多錢，也可以幫我兒子免除不少尷尬。」

沉默的相對優勢

最近有位客戶想要我再降低一些價格，我已經提醒他，他要求的這場研討會至少需要三天的準備時間，而這部分的時間成本當然要算入費用。但他還是想再殺價，幸好我及時意識到：「如果我再提一次成本就等於在重複了。」重複會讓人顯得軟弱，這點許多人不知道。很多人會抱怨：「我已經跟他說了一百遍了。」這其實是多說了九十九遍。人們以為只要不斷重複，對方就能明白。但這是一個錯誤的想法，就像詩人早就說過的：

噓……

被踩踏的乳酪只會變扁，不會變結實。
——歌德

一個人如果只能不斷地重複，那最好保持沉默，當時我也是這麼做。我簡短地說：「對不起，我無法再讓步，原因你已經知道了。」之後我就保持沉默。客戶試探了兩、三次，最後還是妥協了。

我敢打賭，如果我當時又提成本，客戶絕對不會讓步，然後我們就會陷入無止盡的爭論，開始爭吵還能省下哪些費用。在類似的談判情況下，你可能不敢這樣做吧？被我說對了：

噓……

沉默需要勇氣，因此懦弱的人往往話多，而且愛說。

一位經驗豐富的談判專家曾經告訴我：「多話的人，通常講話沒什麼營養，我最怕的是那些能夠保持沉默的談判對手，他們深不可測。就像在玩撲克牌一樣，話多的人很容易暴露自己的底牌。」人生就像一場撲克牌遊戲：一個人的話越多，越容易讓自己陷入困境。

教育效應

你聽過「刻意停頓」這個詞嗎？優秀的演講者會在不經意之間使用這種技巧。我們只會注意到：「我聽得很懂！我完全理解他的意思！」這並不是因為他講了什麼，而是因為他沒講什麼。

沉默有助於學習

噓……

一般人的理解能力往往比我們想像的要低得多，他們需要停頓來消化所聽到的內容，請給他們充分的停頓。

「去做功課，把房間整理乾淨，把腳踏車停進車庫，然後來幫我洗碗！」每當聽到媽媽們（同樣適用於上司）用機關槍般的語速、發出一連串不帶任何標點符號的指令時，我都會深感同情。同情這位媽媽，因為她生了一個孩子，卻沒有閱讀附帶的使用說明書。即使是成年人，也很難記住連續四個快速列出的任務，更不用說在腦中處理它們。

在朋友家的咖啡聚會上，一名年輕的媽媽向對方抱怨：「妳的孩子幾乎都聽妳的話，難道是因為我的孩子很笨嗎？」不，不是孩子的問題，也不是這位媽媽的問題，她只是沒學過如何運用「教育性的停頓」。那位有著乖巧孩子的媽媽，是這樣交代任務的：「你先寫完作業。」停頓，看著孩子的臉：他聽進去了嗎？接受了嗎？他有沒有問題要問？沒有嗎？他對這項任務表現出足夠的認同嗎？如果是，再繼續下一個。

能停頓的人，會思考，也能激發他人一同思考。

有一次，我向一名主管提出這個建議時，他回答：「喔，員工都知道我期望他們做什麼。而且我也沒這麼多時間，時間就是金錢！」這就是還沒學會沉默的管理者說話的方式。隨後我詢問了員工（在主管不在場的情況下），他們告訴我：「我們通常只能聽懂他一半的意思，但他也常常重複。」可以想像，這位主管在員工當中的威信如何。他被當成一個言不及義的人，因為他講話滔滔不絕，毫無停頓，得不到員工的尊重，而這種情形是相互的。這就是管理階層、政治和社會在無止盡的滔滔不絕中所面臨的可怕後果之一：**彼此的尊重正在逐漸流失**。

一個失去尊重的社會

在那名發號施令毫無停頓的媽媽、和她同病相憐的管理者身上，有一點是顯而易見的：

講話沒有停頓的人，很不尊重對方。

為什麼要理會？孩子不就是孩子嗎？他們懂什麼？員工是照指示辦事的，那就指示他們啊！這就是為什麼華德福學校會這麼不一樣：在那裡，學生也會發言。而在「普通」的學校裡，有個老掉牙的說法：「如果所有人都睡著了，只有一個人講話，這就叫上課。」也許這是必要的（為什麼？），但這很沒禮貌，也很不尊重人。這點同樣適用於日常交流：那些不停講話的人，其實並不想傾聽對方的意見。他們主要是想展現自己、宣洩煩惱、刷存在感。當我們和別人交談時，往往並不是真的想和對方說話，而是只想對著他人說話，想對著一群觀眾發表獨白。

請不要誤會，這不是指責！這種情況發生在所有人身上，包括我自己。和世界上其他人的差別在於，你和我能意識到當自己滔滔不絕對著別人說話時，會感到不舒

噓……

講話不停頓的人，就是不想理會對方

服。我們會自問：「我希望這樣對待別人嗎？這樣是不是很不尊重人？」這個問題，正是擺脫說話強迫症的第一步。但接下來我們還需要很多其他的步驟。因為說話強迫症用許多枷鎖束縛我們，其中之一就是所謂的「尷尬的沉默」（詳見第5章）。

認爲沉默很尷尬的人，不會保持沉默。

沉默很尷尬，女性尤其會這樣認為，而且覺得這是在向對方傳達：我不喜歡你！但奇怪的是，男性的想法就相反：兩個男人坐在長椅上，抽菸、沉默——男人的快樂就是這麼樸實無華。他們認為：「不需多言就能理解我的人，就是好兄弟。」這也解釋了為什麼男人常常覺得女人是長舌婦，儘管客觀來說，她們並不算話多。對女性來說，說話是維繫關係的首選方式。但對男人來說，沉默（在戀愛或友誼關係中）才是首選。有些夫妻已經結婚四十年了，依然沒有意識到兩性對於沉默意義的衡量不同。這也難怪，對於傳統的婚姻關係來說，似乎沒有必要理解另一半的溝通原則。

男性對沉默有不同的顧慮：「沉默的人就是沒有話要說！」這是男性在職場中的主要想法，而且是從兩個方面來看：沉默的人要麼沒有權力，要麼就是不懂。因此一些主管會講很多話，他們似乎認為：話越多，權力就越大。

主管們對於沉默有很大的顧忌，因為他們將其等同於權力和地位的喪失：誰總是滔滔不絕呢？那個人一定是老闆。

除此之外，說話似乎能提升男性和女性的自尊心，這在管理者身上尤其明顯：有些主管在向員工發表談話時，一開始會顯得膽怯、害羞。但講的時間越久，他們就會變得越來越自信。對於真正自信的管理者來說，情況正好相反：他們一開始就會用堅定的語氣說出前三句，然後保持著自信並帶有深意的沉默，因為他們已經說出需要說的話，再說一句都是多餘。

噓……

說話確實能提升自信，卻是以犧牲聽眾爲代價。試著在說話之前就建立自信，而不是在說話的過程中。

事實上，每個聽眾都能察覺出你是在沒話找話。對於這樣愛講話的人，大家會說：「他就是那種不開口會不舒服的人。」要做到「簡單」地保持沉默，其實並不簡單，對吧？

這點你看得很清楚。我們其實偶爾也想閉嘴不說話，但女性不能這樣做，因為據說這代表對他人的不尊重；男性則是做不到，因為這會讓他們看起來不夠稱職。若有人認為，這種錯誤歸因（也就是錯誤的意義解讀）很荒謬，我想說：不僅在沉默這件事上如此，整個西方國家的溝通文化都有些病態，最明顯的例子就是表達願望。

普遍現象：用抱怨的方式表達願望

職員氣憤地對老闆說：「這實在太不公平了！我的工作那麼多，卻只拿到這麼一點薪水。」妻子對丈夫說：「你從來都不幫忙做家事！」這兩個人到底要表達什麼呢？職員想說的是：「老闆，我想要加薪兩百歐元。」妻子想說的是；「拜託你也分擔一些家務吧！」為什麼他們不直接說呢？因為我們雖然能把人類送上月球，卻從來沒有學會如何好好交流。我們可以想見：有些人認為直接或間接的抱怨，是表達自己訴求的適當方式。如果你認為這樣很粗糙，我不會反駁，海豚或靈長類動物的某些溝通方式甚至更為先進。有些歷史學家嚴正地聲稱，有一半以上的戰爭之所以爆發，是因為參戰的各方無法進行理性的對話。我很好奇，另一半是什麼原因造成的……

我想說的是，認為抱怨是表達訴求合適方式的人，碰到用沉默來做為個人表達方式的對手，一定束手無策。所幸，你不是這樣的人，這是你的優點，請繼續讀下去，並妥善運用那些對你有所幫助的內容。但是關於沉默，只告訴少數幾個你選定的人就好，因為大多數人不會理解你在說什麼。在一次酒會上，有位大學教授竟然問我：「如果我保持沉默，怎麼讓別人來理解我呢？」他的妻子在旁邊一邊喝著香檳，一邊簡潔地回答道：「你是說，你講話的時候更能讓人理解？」

噓……

沉默其實並沒那麼容易。我們必須先克服一些誤解、教條和錯誤的想法。

要克服這些並不困難，你會在這個過程中，學習到很多關於自己的事。有位建築師曾對我說：「很有意思，我有時候說話的速度比思考還快。我觀察過自己：每當客戶明示或暗示我缺乏創意時，我就會滔滔不絕地和對方講上好幾分鐘。創意是我的痛點，每當有人碰觸到這個罩門，我就停不下來——一直講到讓自己陷入更大的麻煩。」你在自己身上也曾觀察到類似的情況嗎？你知道自己的罩門嗎？那你就已經發現許多人不知道的東西：為什麼我們在應該保持沉默的時候，偏偏要說話？

我有一位不太熟的朋友，每當談到「整齊清潔」時，她就會忍不住滔滔不絕——她自己還沒發現這一點，但她全家每一個人早就十分清楚，並且善加利用。如果她提議要去一個冷門的地方度假，而她丈夫不喜歡，他就會隨口說起客廳的灰塵還沒吸——然後她就會開始對著丈夫長篇大論，而他則是在心裡偷笑。當她責備孩子們成績不好或寫作業不認真，孩子們只要談起洗衣服，她就會忍不住開始滔滔不絕。

噓…… 強迫性講話症者的紅色按鈕

透過了解那些會讓自己強迫性講話的罩門，你對自己的了解，會多過於做心理測驗。

我並不是主張所有人都應該一直保持沉默。這樣主張就太荒謬了。但從未學過沉默的人，會成為自己說話欲望的奴隸。相反的，學會沉默的人，會在生活中的各種情境下，體會到沉默的神奇力量：沉默很有效，親自體驗看看吧。

技巧摘要：沉默有效

- ✔當說再多也無濟於事時，不如保持沉默。
- ✔說話和沉默的效果最好取得平衡：少說，多沉默。
- ✔少說、多沉默的人，看起來更強大、自信、更能主導一切，也更容易讓人信服。
- ✔沉默之所以如此有效，是因為它能出人意料之外、激發、激勵一個人、打斷互動遊戲，讓人重新開始思考，並且緩和對話的緊張氛圍。
- ✔儘管沉默的效果非常顯著，但不容易做到。這是因為德國的文化對於沉默一直有負面的看法。能認清並克服這種文化偏見的人，會獲得一種非常有效的溝通工具。

2

沉默的報酬

我沒說出口的話，從未傷過我。

——卡爾文·柯立芝，美國第三十任總統

我們如何錯失應得的報酬

由於不斷地說話、發文、寫部落格、使用谷歌搜尋、八卦、開會、看電視、聽廣播、傳簡訊或打手機，我們離靜默越來越遠，因此有些人為了平復自己和沉澱內心，會開始渴望安靜。然而，靜默帶來的不僅僅是安靜和恢復，靜默的報酬是多方面的。可惜，我們早就忘記了這一點。更糟的是：我們已經失去這種能力，即便是頂尖的管理者也不例外。

比如有一位財務主管曾抱怨說，他在會議和簡報中不時地「搏命」講話。他來接受輔導，想改掉這個習慣，因為他認為這會「嚴重影響職業生涯」，並且成為同事之間的笑柄。除此之外，他還為自己的專業能力和溝通能力之間的落差感到苦惱，他很少能展示自己的能力，因為「我總是敗在自己的舌頭上」。正如他所說的——比喻很生動。他說：「這種事情甚至會發生在最簡單的即席問答上，本來應該說一、兩句場面話就好，結果我卻拿出數據和圖表，鉅細靡遺地說明各種細節，最後完全失焦——我清楚感覺到其他人會這麼想：『這個腦袋不清又愛秀的傢伙又來了！』但我只要一開口講個兩句，就管不住自己的嘴巴了！」他為此感到十分懊惱，為什麼？因為他白白錯失自己應得的報酬，而且這種情況已經持續多年。這種事不只發生在管理階層，許多人也是如此。我敢說，甚至大多數人都是這樣。你也是嗎？

Try!

試著回想一下：在哪些情況，你會說太多話？多到超過必須的程度？多到讓對方快受不了？請不要自責，這是人之常情，並沒有那麼糟糕。真正糟糕的是，你沒有察覺這個問題，也沒有試著去改善。

為什麼如果我們不停止這種說太多話的衝動，就會有不好的結果呢？因為我們這是在自我破壞。我們用毫無節制的言語洪流，將自己應得的報酬拱手讓人。

就好像一位財務主管，他用一、兩句精準的話回答了一個問題，但隨後他並沒有就此沉默，享受這一、兩句話所帶來同事的贊同和認可，而是繼續滔滔不絕，最後把自己先前的成功全部賠下去了。同事對他的尊重變成了惱怒，認可變成了嘲諷。這是一個普遍現象。

大多數人一生都沒有意識到，他們正在用話語摧毀自己、自己的形象、事業和成功的機會。只要他們沒有意識到這一點，就會不斷重蹈覆轍，日復一日地讓家人、同事、員工、客戶和上司感到厭煩，導致大家都不願意和他們交談。然後這些多話的人就會感到困惑，不明白自己為什麼會變得不受歡迎，被他人避之唯恐不及，或者總是遇到反對和阻礙。其實俗話說得好：**「少即是多。」**

少說話，能產生更大的效果，沉默和說話同樣是溝通的一部分，兩者相輔相成。只有說話，效果相當薄弱；光有沉默也是一樣。這就像生活中的許多事，關鍵在於混合、均衡和平衡。如果失去這種平衡，溝通的效果就會大打折扣。沉默是一種極其重要的溝通元素，因為它能產生強大的效果。其中一個效果就是：沉默的人顯得更睿智。俗話說：「靜水流深。」說話越少的人，越顯得高深莫測：這種深沉的氣質，正是沉默帶來的報酬。

靜水流深

在演化的過程中，人的大腦似乎出了一些差錯，這從我們對於沉默和說話的態度就可見一斑：一方面，我們不斷說話，因為認為自己必須辯護、解釋、主張、傳達、展現自我，或是讓自己顯得更討人喜歡。但另一方面，我們又看不起同樣這樣做的人。我們鄙視他人身上的缺點，卻沒有意識到自己也犯了同樣的錯誤（佛洛伊德會對此感到高興，並稱它為「移情作用」）。這就是為什麼在所有文化中，沉默的人都備受推崇。像「靜水流深」這樣的成語，或者像「她明智地保持沉默」這樣的說法，都證明這一點。沉默經常與深邃、智慧、從容、學識與聰明才智聯想在一起。換句話說，沉默的人能獲得沉默的紅利，也就是靜默的報酬。沉默的人在他人眼中顯得聰明、從容、自信、冷靜、博學、經驗豐富、有能力，而且值得信任，即使他們並非如此！研究顯示，如果再加上一抹微笑，看起來瞬間就聰明了二〇%。心理學家將這種現象稱為「歸因」（也就是無意識地將某些特質歸屬於他人）。這與戴眼鏡的人看起來比較聰明，又或者人們在慢跑時或健身房裡更容易墜入愛河，都是相同的現象：

他們將身體充滿活力誤認為是愛情，關於健身房現象有一項研究的標題叫做「愛情的因果關係錯置」。反之亦然：沒有人喜歡多話的人，他們給人的印象是粗俗、愚蠢、愛強辯、咄咄逼人，而且不值得信賴，即使他們根本不具備這些負面特質，只是單純無法閉嘴而已。即便是諾貝爾獎得主，如果太常開口說話，也會給人這種印象。

我實在想不出哪位諾貝爾獎得主講話，說話量有「一般人」的一半。不知什麼緣故，我們的科學菁英似乎早已了解到沉默的好處和報酬……但商界菁英就不是這樣了。在管理階層有個說法：「講話大聲的人比較容易升遷。」一位白色家電製造商的工程師曾告訴我：「專業能力強的人會被處罰，愛講話的人反而會升官。」這解釋了為什麼我們會經歷近代最嚴重的經濟危機：大多數的管理者（大約只有二〇%的例外）都比較擅長說話，而非思考；他們能言善道，卻無法評估自己行為的風險；他們在職涯管理上很有一套，但在風險管理上卻很差。這帶來的後果，正是彼得原理所描述的現象：「每個人都會被擢升到自己能力無法勝任的職位。」其相關的推論是：在企業組織中，從特定層級再往上，我們只會找到一群西裝筆挺的庸才（少數的例外反而證實了這條規則）。社會科學家稱這種現象為「反淘汰」：那些對組織造成最大傷害的人，往往能得到晉升。用俗話來說更簡潔：「用狼看羊。」這一切都是因為商界是少數不相信「言語是銀，沉默是金」的領域之一。（為什麼他們不相信這一點，我也感到困惑。）

儘管如此，你現在也不應該下結論認為，在職場上不停地說廢話會比較好。這可能對職業生涯有一些好處，因為上司似乎很容易買單（再次強調，我也不知道為什麼）。但這對形象、名聲與同事之間的關係是非常不利的。讓我們來看一個例子。

我認識一位女性學者，她後來轉行進入一家製藥公司。新工作的前幾週，她完全聽不懂同事在說什麼，就像聽天書一樣。她心想，如果能說幾句專業術語，一定可以給主管留下深刻印象。但她又擔心，這樣會讓同事瞧不起自己：「他們通常在這個領域比管理階層更在行，一定會看穿我在虛張聲勢。況且，我可不想和同事搞壞關係。」因此，在一開始的會議和討論中，她都避免發言，保持低調。她這樣跟我說：「就暫時當個米蟲。」但她的同事對她的看法截然不同：「這個新人很有一套！」、

「人很不錯，很進入狀況。」儘管她當時根本還沒進入狀況。為什麼其他人會產生這樣的誤解呢？因為這位新人雖然在會議上保持低調，卻專注地聆聽討論，並透過面部表情和非語言的回應（例如：點頭或嗯嗯表示贊同），清楚表達出她的關注。她很自然地遵循了那句老話：「寧願閉嘴，也不說蠢話。」並因此獲得同事的認可，這就是她沉默的報酬。

你認識的人當中，還有誰會遵守這項建議呢？我想很少，我們周圍的人似乎經常只會說些蠢話。在某些領域，如政治和管理，情況更是極端：寧可說些蠢話，也不肯保持沉默。然後有些政客和管理者又會納悶，為什麼他們的形象這麼差……

保持沉默的人，看起來很聰明。只是**「看起來」**聰明而已？其實他們是真的很聰明。有些天真的人總會忍不住想：「我雖然不懂，但總要說些什麼吧！」聰明的人也會有這種衝動，但他們能抵抗這種誘惑，這需要相當高的智慧。而這種智慧，我在很多地方都感受不到，特別是在修車廠。

女人的車子一旦拋錨去修車廠時，有時會聽到有人用石器時代的語言招呼她：「妳一定是忘記加油吧？」即使是女性學者也會遭遇這種狀況。這種推論方式的問題顯而易見：一個擁有銀行管理博士學位、還經營家族企業的女人，會笨到連給車子加油都不會？這種假設能有多聰明？

當然，這些嘴快的維修員並不愚蠢——但他們給我的感覺、給他們公司和家裡女性的感覺，就是蠢。況且，各位先生，讓我告訴你們一個祕密：女人不喜歡愚蠢的男人，反過來也是一樣。

噓……

善於沉默的女性，會被認為神祕又有深度。

當我走進修車廠時，任何維修員只要沒立刻冒出一些白目言論，就已經贏得我的初步信任。特別是當他能靜靜聽完我對故障的描述時，我會覺得自己的話被聽進去。

能保持沉默的人，往往被視為善解人意、富有同理心，而且能表達支持。古羅馬人早就明白這個道理，甚至將這句話升級為法律原則：Qui tacet consentiret（沉默視為同意）。現代司法判決將此稱為「默示行為」，它也適用於商業人士：在商場的規矩中，如果某個要約沒有受到反對，就視為已經被接受，沉默具有契約承諾效力。雖然在日常生活中，沉默的效力並不像在法律上這麼強，但沉默會直接被視為同意：當一個人靜靜聆聽對方說話、並用面部表情傳達關注時，就表示他同意對方的觀點，這種效果有時令人驚訝。有位實驗主持人曾經告訴我，在一次實驗條件設定下的對話之後，一名受試者向對話人員表示極大的感激，感謝對方理解和「愉快的對話」。實驗主持人對於這位對話人員的溝通能力並沒有這麼高的評價，於是他將音檔倒帶，想弄清楚這位溝通天才到底做對了什麼。他發現：這位所謂的天才對話人員，在二十分鐘的談話中幾乎什麼都沒說，主要是發出一些表示贊同的語音，像「嗯」、「是的」、「當然」、「真的嗎」和「我的天呀」。他的談話對象隨後形容他「口才流利、善解人意、表達能力強」。這是個騙子嗎？不，這個男人確實是個天才！他知道如何不必說很多話就能表達許多意思。更重要的是：這個男人透過這種方式，了解關於他的談話對象的一切！這讓我們想到沉默的另一項報酬。

知識就是沉默的報酬

最近，有位銀行集團的董事告訴我一件令人印象深刻的例子，說明了沉默能帶來的豐厚報酬：有兩家鄉下銀行，其中一家現在幾乎破產，另一家卻經營良好。其中一家購買了大量的美國垃圾債券，另一家卻只買了少量。在這兩家銀行當中，至少有一位風險管理部門的員工很早就知道，這些債券是垃圾。但是，其中一家銀行的主管竟然從未得知這些訊息，雖然兩家銀行的主管每週都要與風險管理部門進行會談。然而，在其中一家銀行，對話（直到今日依然！）是按照以下模式進行：「這個你們還是要做，那個怎麼還沒弄好，為什麼X專案的進度這麼慢？」上司講話占了八〇%的時間，員工只占二〇%。而在另一家銀行，上司講話只占了四〇%，也就是那位話多的同行的一半，而後者的銀行現在破產了。話多的代價：**說話的人，無法傾聽**。這種無法傾聽的缺點可能會帶來昂貴的代價，「講話不小心，會付出生命的代價」。

身為領導階層，如果無法控制自己多話的衝動，就會危及自己的公司。這與無法保持沉默（詳見第3章）直接關聯。在更深的層次，它反映出人往往高估自己已知的事物，並低估自己不知道的一切。

你知道的事很重要，但你不知道的事更重要。

大家都在抱怨這個世界變得如此動盪，也就是說，充滿了突如其來的變化，但幾乎沒有人思考過自己這些抱怨的後果：如果世界變得如此無常，那麼自己不知道的知識才是更重要的。因為憑藉現有的知識，我無法預測這些突發事件（因為在我的認知範圍內無法預測，所以它們才顯得突如其來）。為了預測和理解這些突發事件，我需要掌握尚未擁有的知識。單單針對這個想法，塔雷伯就寫了暢銷書《黑天鵝》。關鍵問題在於：如果我總是滔滔不絕，要怎麼獲取這些知識呢？也就是說，如果我總是依賴自己那不完整的知識基礎，卻不善用接觸外界的機會，又怎麼能獲取新的知識呢？

這種「滔滔不絕」的習慣會對經濟造成多嚴重的損害，從一些辦公室的雙關語笑話就可以看出：「如果西門子知道，西門子所知道的一切。」這句話暗指在大公司（甚至在家庭裡），解決方案通常已經存在於X部門，但Y部門因為缺乏該方案而焦頭爛額，甚至還要為此花費鉅資。然而，這個解決方案就是無法從X部門移轉到Y部門，因為大家都不願聽別人的意見，總是沉浸在自己的想法裡，沒有人願意傾聽別人的聲音。

最近有一家人做了一件更引人注目的事：這家父母為了女兒參加學校宿營的旅費，爭論了整整一個晚上。女兒則在客廳裡，邊聽父母吵架，邊看電視。過了一會兒，女兒關掉電視，走回自己房間，順口說了一句：「對了，學校的宿營取消了，很多家長都說太貴。」父母憤怒地問她為什麼不早說，女兒的回答是：「你們沒問我啊，我也不想打擾你們吵架。」吵架的人是聽不進去的。講話有時是非常危險的時間浪費，因為還有更重要的事，比如保持沉默和傾聽。只有懂得傾聽的人，才能真正認識這個世界。

這種無法保持沉默的習慣，在招聘新員工時，會帶來特別嚴重的後果。即使是在星際航行的時代，招聘的錯誤率依然高得驚人。關於這一點，幾乎沒有可靠的數據（因為每個主管都覺得丟臉）。不過我認識一些主管，他們對於自己的招聘做法是這樣說：「每兩個新進員工，就有一個未能達到面試時我對他的期望。」為什麼會這樣呢？難道所有的新人都很會吹牛，在面試時誇下海口，卻從來沒有兌現過？如果是這樣，那還算不錯。事實上，情況還比這還糟糕得多。

根據研究顯示，在大部分的面試中，根本無法對應徵者的能力進行可靠的評估。

因為在這些面試當中，應徵者根本沒有真正「應徵」，而是負責面試的主管一直在滔滔不絕地講話，他們根本插不上話！面試官占據八〇％的發言時間，並不少見！這個主管濫用面試的機會，來強調公司的優點，宣傳自己的功績，炫耀自己的知識。並且對於應徵者那少得可憐、簡短又不斷被打斷的發言，進行冗長的評論。這些評論的內容，往往是無關痛癢的小事，可是他甚至根本沒有意識到這一點！

如果問這些占據八〇％面試時間的人，他們自己講話的比例是多少，他們通常都會說低於五〇％！換句話說，即使是領高薪的管理者，也根本不知道自己在做什麼——卻照樣能升職！他們本應負責全球網路、管理整個集團，並保護眾人免受全球化失控所帶來的風險。但他們連在面試中都無法閉上嘴巴！

管理階層的無能程度，在每個地方都被嚴重低估了。我要再次強調：確實有令人稱道的例外。大約五分之一的各級主管不僅能保持沉默，還可以做許多有用的事。比如他們能有效處理衝突，這種優秀的能力，也與保持沉默的藝術有關。

如何惹怒一個人

在衝突中「一句接著一句」，就能惹怒人。許多和另一半有問題的人表示，當他們的婚姻關係發生衝突時，「其實我說什麼都無所謂——對方都會因為我說的每一個字而生氣！」由此我們可以得到一個超級簡單的降溫建議：

噓……

在衝突中，少講，多沉默。

但是，請你專注且莊重地保持沉默，而不是雙手交叉、眉頭緊皺的沉默。對，我知道這違反了人的本性。我們在本能上仍然是個尼安德塔人，當受到攻擊時就會揮舞棍棒。這點在狗的身上表現得特別明顯：一隻狗對著另一隻狗狂吠，另一隻狗也會吠回去，這是動物的本能使然。

問題是：你希望被本能引導，還是理智所引導？你是動物，還是人類？誰在對你發號施令？是你的大腦，還是決定身體情緒反應的邊緣系統？

在談判中，我對那些多話的談判對手並不看好，因為我知道，他們是受本能驅使。他們並沒有思考太多，這種人我無法認真對待——而且很容易就能耍弄他們。本能是基於「刺激—反應」的機制來運作的，只要設置正確的刺激，就必定能引發預期的反應，這讓人聯想到巴夫洛夫的狗。我知道這種說法可能不太好聽，但為什麼這麼多人的行為會像巴夫洛夫的狗呢？如果你的行為像狗，那被拴上狗鏈也不足為奇了。

有位從事實證研究的同事做過一項小實驗。他讓兩組人針對一個有爭議的話題進行討論。他對其中一組人說：「請你們就這個話題展開討論！」然後對另外一組人，他是要求：「請克制住任何對討論沒有實質幫助的發言。」這是一個比較模糊的要求，卻能有效將爭論者的注意力，從說話轉移到沉默上。結果，第二組只用了一半的討論時間，而且對於結果的滿意度明顯更高。這說明：在衝突中，沉默比多說更有益。這同樣適用於衝突的升級：公開的攻擊和挑釁。

沉默的人不怕挑釁

「你這個沒用的菜鳥！」只要彼得在設計新機器時忘記安裝某個固定螺栓或螺孔時，克勞斯就會這樣對彼得咆哮。彼得通常也會回嘴，但這會讓自己感到非常大的壓力。「我無法改變克勞斯，無法改變他那過度的完美主義和侮辱性的態度。但是，我可以改變自己對克勞斯的反應嗎？能應對得更好嗎？可以處理得更聰明嗎？」

他在輔導時這麼問，這些都是聰明的問題。大多數人無法區分外在事件和自己對事情的反應，他們認為兩者是密不可分的：如果有人惹我生氣，那我就一定要生氣、反擊，或者消極退縮，然後向朋友抱怨。我們的本能在這裡假設了一種因果關係，這種關係在進化的過程中可能曾經是有意義的（戰或逃反應），但如今它不過就是一個引發錯誤反應的本能而已。

彼得並沒有陷入這種因果關係的錯誤中，因此我建議他下次不要回嘴，而是保持沉默。「但我不能讓這樣的侮辱隨便加在我身上啊！」彼得反駁道。謝謝你，彼得，這個理由說明了我們常常很難理性行事並保持沉默：

噓……

無法保持沉默的人，常常會混淆意見和真理。

其他人對你說了什麼，不代表這些話會一直「黏」在你身上。一個人對你說的話，只是他的意見，並非真理，也不是膠水。侮辱和類似的話語也不是你非得糾正的：你不必跟攻擊者拚個輸贏，直到他們收回話語。中世紀的人才會這樣做，這就是為什麼他們威脅伽利略，如果他不收回自己的主張，就要把他送上火刑架。對於那個既偉大又光明正確的教會來說，讓一個渺小的人改變他的觀點，是極度執著且必要的。一個組織到底有多脆弱，才會提出這樣的要求？

今天我們會說：「隨他去講吧！那不過是他的個人意見而已。」克勞斯認為彼得是個菜鳥，為什麼彼得不一笑置之？為什麼他不說：「我有二十年的工作經驗，誰還敢說我是菜鳥，這絕對是他們自己的問題。誰都會犯錯，就算有二十年的工作經驗也是一樣。」

為什麼彼得會激動到無法保持沉默呢？答案既簡單又有深意：因為彼得把克勞斯

的意見看得比自己的意見更重要，因此他無法保持沉默。

自信心越強，我們就越能明智地保持沉默。

對彼得來說，如果這種關聯不是互相影響的，那他就會掉進一個糟糕的陷阱。反過來說，如果有人對你進行攻擊或挑釁，而你一開始選擇沉默，那就會建立起自己的自信心——並且可以思考出最佳的反擊策略。你不需要相信我說的話，你可以在下次有人對你無理取鬧的時候嘗試看看。

薇瑞娜照做了，並且在後續的研討會上分享了一個精采的故事：「身為內勤人員，我負責支援二十名外勤人員。每週都有五個人抱怨說，我給他們安排了錯誤的行程。但這通常都不是真的！我在自己的行事曆上可以看到，我確實記錄了正確的行程，只是業務人員自己搞錯了。外勤的工作，本來事情就比內勤忙碌得多，所以偶爾會搞錯行程，也沒什麼大不了的。不過這些人當然不會承認，我又堅持自己的看法，然後我們就吵起來。每週都要吵五次，這真是太可怕了，我的神經都快崩潰了。」

自從她學會了保持沉默之後，她改變了策略：「從那時候起，我只會問：『喔，我又把行程搞混了嗎？』然後會友善地微笑並保持沉默。」有些人會罵她一陣子，但她默默忍受，因為只要不回應，那些辱罵很快就會停止。有些業務員還會很快改變態度，因為他們發現薇瑞娜不會和他們爭吵。甚至越來越多人會說：「是啊，我知道，這次可能是我弄錯了。」這一切都是因為薇瑞娜最近學會了保持沉默，而不是像一隻瘋狂的比特犬一樣，去爭搶別人扔過來的骨頭。這不表示你應該逃避所有的爭吵，只會保持沉默。這只代表：不要受到挑釁！先保持沉默，利用這段時間好好思考自己想怎麼做。

有時，我們需要先給自己的沉默建立一個範本。彼得甚至不時需要這個範本，應對克勞斯毫無道理的辱罵。彼得會自信與友善地看著克勞斯說：「謝謝你跟我說你的看法。」然後就保持沉默。彼得說：「這樣一來，他和我都很清楚，他並沒有說出我的真實情況，那只是他個人主觀且扭曲的看法。」彼得的方法值得大家學習：

噓……

給自己一個保持沉默的機會！

不要爭吵，想出一句有力、足以讓其他話語顯得多餘的句子，然後保持沉默。

男人在處理感情爭端的時候，有時候很擅長這一點。當另一半情緒激動的時候，他們常說：「親愛的，我不想和妳爭吵。」然後他們就會打開報紙或躲進遊戲室。當然，他們不應該這樣做。在感情關係中，即使偶爾會發生爭吵，也應該彼此溝通。但是這種不合時宜的行為，卻展示了沉默在平息爭吵方面，是多麼地有效，即使在不恰當的情況下也是如此。

Try!

你還記得哪些爭吵？你預期未來會碰到哪些爭吵？爲什麼一句強而有力的話語，可以讓你大幅縮短那些永無止盡的討論？你可以說兩句話、最多三句就好，多的就不要說了。花點時間去思考、斟酌和嘗試你的這句強力話語。這種強而有力的話語不是天上掉下來的，需要你用心琢磨和練習。正如哥德所說：「你從祖先那裡繼承的東西，必須透過努力，才能眞正擁有。」我們可以說，我們的母語算是傳承自前人，但想要熟練且有效運用它，就必須不斷嘗試、琢磨，並發展自己的語言能力。學會沉默，也是其中一環。

有些句子實在太厲害了，一說出口，大家就不說話了。例如：「您絕對是對的——不過我不想深入討論這個問題，我比較想直接找出解決方案。」

另一種強而有力的句子就是問：「這能讓我們更進一步嗎？」或者「這對於解決我們的問題，意味著什麼？」另外，你也可以從所謂的「同步」（pacing）中借鑑一些強而有力的句子。

同步——通往沉默的途徑

莎拉有一位很難應付的客戶。這個客戶每週都會投訴一次，總是嚷嚷著：「你們的機器操作流程複雜得要死！根本沒人看得懂！」莎拉每次都會顫慄一下，並試圖向客戶解釋，只要仔細研究，操作流程其實很簡單、很合邏輯。她在暗示這位客戶並沒有詳細閱讀使用手冊。就這樣，他們每週都得花半個小時雞同鴨講。自從主管發現了這件事之後，他也常常對莎拉說：「如果惹惱這個客戶，我就把妳調到包裝部！」

當這名客戶下一次打電話來時，莎拉說：「唉呀！您真可憐，操作流程又出問題了嗎？是不是覺得這一切太複雜了？對對，我可以想像，這真的很令人沮喪，畢竟這打斷了您的正常工作。」透過這種方式，莎拉可以說是與客戶同步——然後保持沉默。沒有反駁，沒有說教，沒有試圖說服，只有沉默。那麼，接下來會發生什麼事呢？兩分鐘後，客戶已經發洩完畢（之前需要十分鐘），因為他覺得有人理解他，他甚至還小心翼翼地詢問莎拉公司的培訓費用……

當你與對方同步時，也就是說，與他並肩同行，而不是對抗，你們很快就會進入一種和諧又富有成效的沉默狀態。

為了快速結束不愉快的對話，或是將其引導到正確方向，我們本能地都會尋找那句強而有力的話語，像是「請保持理性」、「不要用這種語氣」、「我不會容許你這樣跟我說話」之類的句子非常普遍。雖然這些句子聽起來很強硬，但它們只在上下級關係上有效。如果是平等的夥伴彼此對話時，這些句子很少奏效。因為它們帶有說教意味，隱含著指責。這些句子並非與對方站在同一邊，而是對立的。

當然，如果有人讓我們非常生氣，或者攻擊、侮辱、指責我們，總之就是不符我們的期望時，就很難和這個人保持同步。一名化妝品公司的女財務長露西亞就說：「如果有人指責我的試算表有漏洞，我一定會狠狠踢他一腳！」這樣有誰能怪罪她呢？但是露西亞自己會。她認為：「我猜想，那個指責我的人並不是真的想針對我個人，他可能只是在表達意見時非常笨拙。」也就是說，對方並沒有說出自己真正的意思。他可能想表達的是：「我在妳的電子表格中找不到我需要的數據，這些數據對我很重要。如果我能這樣表達，一定會這樣說。但是由於我的父母、老師、教授、政客、導師和上司，都只會用指責的方式溝通，這讓我誤以為，指責是表達自己觀點的唯一方式！」

人們很少會說出他們心裡真正想說的話。讓我們試著從相反角度去思考：你的談話對象說了Y，其實心裡想的是X，這個X是什麼呢？然後你試著去和這個X同步：當露西亞再次受到不合理的指責時，她不再爆發，或是在言語上反擊「攻擊者」，而是以平和的方式問道：「你認為哪裡有漏洞？你缺少哪些數據？」之後她保持沉默。那麼，「攻擊者」會如何反應呢？其中一個人在這種情況下說：「什麼？為什麼？妳居然會關心這個？老實說，我從來沒想過這個問題。我以為身為財務長的妳，根本不會在乎我這個小小業務員需要什麼樣的數據。」接著他們兩人就非常理性地討論，並共同設計了一項新的指標。這一切都是因為露西亞夠聰明，能夠與對方同步，並提出一個問題，然後保持沉默。

噓……

我建議將「必須能閉嘴」加入所有領導職位的需求條件當中，這是一項不可或缺的領導素質。

還有另一個原因：無法保持沉默的人，也無法思考。

沉默的人，更能思考

當我第一次參加一名優質客戶公司的會議時，簡直不敢相信自己的耳朵。總經理竟然說：「在我們投票做出決定之前，先靜默一分鐘。」後來他解釋：「一開始我的員工當然覺得很奇怪，但現在大家都認識到這樣做的好處了。」這個好處就是：

噓……

不會保持沉默的人，會做出衝動的決定。

這些衝動的決定最後會被證明是錯誤的，然後每個人都會說：「我怎麼會沒想到呢？我為什麼沒有提前注意到這一點？」因為當時我一直在說話，沒有好好思考。不願意花時間保持沉默的人，也就沒有時間思考，反之亦然。當然在我們這個忙碌、嘈雜的時代，這真的很難做到。我們總是有手機、電話或耳機貼在耳邊！

你現在聽到的是——寂靜

最近我真不敢相信自己的耳朵，我打電話給一家公司，被轉接到語音信箱，然後我聽到：「我們目前所有的線路都在忙線中，請您稍候片刻。在此期間，您會聽到——寂靜。」沒有音樂的嘈雜，沒有精心設計的招牌旋律，沒有惱人的循環播放，

沉默有助於決策和談判

也沒有電梯的嗡嗡聲，完全只有寂靜。當意識到自己居然希望能多等一會兒再與我的談話對象通話時，我忍不住笑了……這個喧囂、嘈雜又缺乏思考的世界，正在向我們索取代價，寂靜沒有立足之地。但我們如此迫切地需要它，尤其是在談判和決策的時候。因為：

- 在回答之前，可以經常有意識地保持沉默的人，在談判中，就更能在心裡謀劃出最佳的回應和決策。
- 只要沉默個一、兩秒，就更能整理自己的用詞，以及思考辯論時的依據。
- 能固定沉默幾秒鐘的人，更能專注於自己的直覺，而直覺往往可以給清醒的頭腦提供寶貴的提示。
- 沉默的人不會選擇最先想到的論點，而是選擇最好的論點。

這些都是沉默具體的益處：沉默能讓決策和談判變得更好。不過，沉默還有一個抽象卻更有效的好處：沉默使人變強大。

嘘……

沉默讓你變強大！

沉默的人，即使在受到攻擊、挑釁、侮辱或施壓時，容易獲得一個往往被低估的優勢：

沉默的人能自主決定如何回應外在（與內在）的環境，不會被別人或客觀情勢牽著鼻子走。

只有能保持沉默的人，才是自主、強大、獨立、自由且自信的人。當然，這種自主性還體現在其他許多特質上，但沉默本身就是一個不可或缺且重要的特質。無法保持沉默的人，往往會受外界支配，受限於客觀環境，而且大多數時候，多多少少處於壓力之下，直到不堪負荷。

我在一座遊樂場中觀察到一位媽媽，她的孩子每隔十秒就會向她要東要西，不是向她抱怨，就是跌倒擦傷了膝蓋。這個媽媽必須隨時待命，準備好回答、安慰和對抱怨做出反應。直到有一瞬間，她突然安靜下來，而孩子還在後方，用一百五十分貝的音量，大聲嚷嚷一些自以為了不起的雞毛蒜皮小事。除了我之外，沒有人注意到這個媽媽的突然沉默。我驚訝地看著她，我們的目光交會了半秒鐘。從她的眼神中，我讀懂了這項訊息，比任何霓虹燈字體都還要清楚：「啊，真好，至少能關機五秒鐘，什麼都不說。」在這五秒鐘裡，她放棄了所有束縛自己的塵世牽掛，彷彿長了翅膀一般，輕盈地飄浮在空中。在這五秒鐘裡，她汲取了力量，足以應對接下來五個小時的家庭壓力。這是自主的力量，無邊且無法被限制的自我關照。正因如此，世界上所有的宗教都發展出冥想修行。因為沉默是人類的力量泉源，即使不是最大的，也是其中之一（詳見第4章和第9章）。

沉默的人，不會被外界操控、操弄，或者受限於客觀環境。至少在那一刻，他們能從我們這個時代的專制中解放出來，能在關鍵時刻汲取力量。沉默的人，可以自主地決定如何回應外在環境，而不是任由他人擺布。這不僅是一種極其奢華的體驗，還能帶來大量的能量。

還有另一種選擇是，對每一個外界的刺激，都以反抗來回應。單單想到這一點，我就很疲憊。我不是這樣的人，也不想要這樣。我不能、也不願成為環境或同儕的奴隸。有位小職員很清楚地表達了這一點：「我的沉默，就是我小小的反抗，是我悄悄豎起的中指，只有我自己能看到。當我受不了的時候，就豎起它。我沉默下來，就會感覺好一點。」為什麼呢？

沉默的人，是自由的

在一個充斥著挑剔的上司、苛刻的家人、無數客觀環境限制的世界裡，沉默是一種主張自我、解放和超越限制的行為。這可說是一種內心的獨立宣言，一種解脫。沉默的人拿回了內心的自由，可以自行決定：我想做什麼？我要如何回應？是沉默，還是講話？

沉默打破束縛

我無法告訴你，這種自由對於現代人有多麼重要。在我的研討會和輔導中，有許多人因為現代社會無所不在、無休止的壓力，感到身心俱疲。這種壓力要求我們隨時待命、隨時回覆、隨時保持高效率。更重要的是，隨時準備好付出，要展現出極高的彈性和機動性，甚至不惜犧牲自我——只為了成就他人的事務！沉默讓我們擺脫這種無所不在的壓力，讓人得以解脫，拋開整個文明的束縛。即使只有短短幾秒鐘，卻讓人感覺好像過了好幾小時。

沉默的權利

在法庭上，每名被告為了避免自證其罪，都有權保持沉默。即使是在法庭上，沉默也是很有用的。但在法庭之外，我們竟然很少行使這項權利。我們很容易被當前社會的多話風氣所左右，而且我們所處的環境，要主張這項權利也不容易。

不要期待那些自稱對你友善的同儕，會熱烈地讚賞你的新沉默。一位丈夫這樣描述：「我太太第一次看到我沒有在十分之一秒內回答她時，簡直氣炸了，還問我是不是不想跟她說話。」天啊！這個丈夫做了什麼？但他沒有放棄自己的沉默（最直覺的選擇是：「沉默不管用了，至少在我身上行不通。」），而是向妻子解釋為什麼自己保持沉默：「親愛的，我不想隨便把自己腦中閃過的念頭拋給妳，我覺得像妳這種太太，值得一個更深思熟慮的答案。」不得不說，這樣講有點太矯情了。這個丈夫是把妹高手吧。但正因為這樣，妻子才看得出他是認真的，他沒有說謊。不久之後，妻子已經習慣他的新沉默，她告訴我：「我相信，他現在比以前更重視我了，他現在說的話也真的更有智慧，而且我們比較少吵架了。」結論是：沉默對所有的當事人都有好處，但我們通常需要耐心地向對方解釋：

噓……

你必須意識到，不溝通是不可能的。無論沉默或說話，你總是在傳達某種訊息。因此在說話前先評估一下，會比較明智：我現在應該說話，還是要保持沉默比較好？哪一種方式會產生更大的效果？哪一種才會有正確的影響？

Try!

在下次的對話中，不妨特別注意：什麼時候保持沉默會更明智？什麼時候開口說話會更好？會產生什麼樣的效果？有哪些正面和負面的副作用？取決於哪些條件？是情況、背景，還是談話對象？具體來說是什麼樣的影響？我們可以從中總結出哪些應用規則？

沉默的規則

順便一提，最後一點其實很值得深思：我們說話的時候，或多或少都缺乏約束和規範。因此，許多會議室理都會張貼所謂的「回應規則」（例如：長話短說！不要打斷別人！用「我」來代替「你」！）這聽起來有點荒謬：我們不是都會說話嗎？為什麼還需要規則？正是因為我們其實不會說話。就好像開車一樣，每個人都認為自己會開，但這只是自己這樣認為而已。但當我們必須透過教練或牆上的海報學習必要的交通規則，而不是自己領悟時，就會覺得有點尷尬。

沉默能產生這樣的強化效果。許多選擇沉默的人告訴我：「短短幾天之後，我就明白什麼時候保持沉默會更明智、什麼時候開口講話會更好。這其中是有正確規則可循的！」有位主管告訴我：「以前當員工帶著問題來找我時，我通常會說：『那就

有意識地溝通

這樣這樣做吧！』然後把他們打發走——沒多久之後，他們又出現在我門口說：『行不通！』現在我經常緊握拳頭放在口袋裡，強迫自己保持沉默，耐心聽他們把問題說完。這樣一來，他們通常會自己提出解決方案，而且有了自己的想法，就不會再跑回來找我了。因為自己的建議當然總是行得通的。他們得向老闆證明自己更加了解情況，而老闆的建議並不管用！」記住：沉默的規則因人而異，只要有意識地保持沉默，並仔細觀察他人的反應，每個人都可以找出適合自己的沉默規則。

我們應該將溝通的方式從習慣轉變為有意識，從反射性轉變為注重效果，從單純傳遞訊息轉變為引發行動。有些人（尤其是女性）會略帶擔心地問：在對話中保持沉默，會不會顯得很自我中心？恰恰相反。講話過多的人，才是對他人的不尊重。這樣的人奪走了對方的一些東西：意義、平等、尊嚴。讓對方說話的人，其實是在給予對方一些東西：他象徵性地把耳朵借給對方，給予對方關注、關心和尊重。但我們只有在偶爾保持沉默時，才能做到這一點。簡單來說，最好的朋友或閨密最讓你欣賞的特質是什麼？是因為他們給你提供了很多好的建議嗎？會這樣說的人並不多，大多數人會說：「是因為他們能傾聽我說話！」我們渴望的是傾聽者，而不是愛講話的人，你想成為哪一種人呢？

技巧摘要：善用沉默！

✔ 衡量一下，在這個具體環境下何者對我更有利——說話，還是沉默？

✔ 能在適當時機保持沉默的人，會顯得更聰明、自信、善解人意、可靠且值得信賴。同時，他們也能更了解對方。

✔ 保持沉默，才能想出一句強而有力的句子，這句話能讓其他的解釋顯得多餘。然後說出這個句子，並再次保持沉默——這可以稱為「三明治式的沉默」。

✔ 如果有人挑釁或侮辱你，保持沉默，然後冷靜回應，並且再次保持沉默。

✔ 如果一個人無法保持沉默，這反映了他能有多大的自主性？又有多大的程度不受外界支配？可以保持沉默的人，就是有自主能力的人。

✔ 保持沉默的能力觸及了一個最根本的問題：你想要什麼樣的生活？你想成為什麼樣的人？

3

為什麼我們無法閉嘴

人類用兩年學會說話，
卻要花上一輩子來學會閉嘴。
——海明威，作家

一個普遍的誤解：
說話的人，掌控一切

說話的人，表面上似乎掌握了一切

或許你在閱讀或瀏覽第2章時，曾經想過：「我從來不知道，沉默的力量竟然如此巨大！」當然，我完全同意你的看法，沉默確實能在溝通中產生真正的奇效。可是沉默的運用為什麼會這麼罕見呢？很遺憾，原因太多了，讓我們來看看其中最常見的一個原因。

我經常參加企業的團體輔導或培訓，往往聽到老闆、專案負責人或團隊領導人說：「這是關於團隊的問題，所以我先不說話，你們先從自己的角度說說看。」聽到這裡我總是在內心深深地嘆氣。

你也是嗎？為什麼？因為我們都知道接下來會發生什麼事：上司最終還是忍不住插嘴，打斷員工的發言。不用五分鐘，最多六十秒，他就會打斷第一個發言的人，然後用一篇原則性的講話，向大家解釋實際狀況，其中還會提到萬有引力，以及上帝在創世紀中哪裡犯了錯，因為他比別人懂的還多（這通常也是事實），而且完全不想把這些知識獨自珍藏（這也絕對合理）。大多數的管理者（當然也有例外）就是無法忍受沉默，為什麼？為什麼他們可以談成價值數百萬的交易、保障數千人的工作，卻無法做到這麼簡單的沉默呢？因為他們將說話和控制混為一談。這種混淆，是管理者、母親、父親、老師、教授、教練、顧問有時無法閉嘴的主要原因之一。

這一點在上述的輔導與團隊培訓中尤其明顯：團隊通常處於水深火熱裡，結果就叫我來當救火員。造成這種情況的原因之一，就是因為他們的老闆無法適時沉默、聆聽、顧及員工的意見和感受。為了修補這個問題，我才被叫來。可是找我來時，這個老闆又會忍不住插話！因為他害怕。害怕失去控制，害怕出現不可預料的發展，害怕在一個棘手的領導環境中失敗，害怕交出權力。

噓……

不能保持沉默的人，往往充滿恐懼。一個無所畏懼、自信、有主見的人，反而能保持冷靜、觀察狀況。因爲他們知道，即使什麼都不說，也能掌握局面。

認為只有不停講話才能掌握局面，完全是一種誤解。其實這個人什麼都沒有掌握到，特別是在他講話的時候。因為員工並不傻，他們會像歌德所說的：一旦察覺到這種意圖，心情就會為此不悅。員工能清楚區分一個主管是言之有物，還是因害怕失去控制而不斷講話。這種狀況很矛盾：通常一個人（當然有很多例外）會成為主管，是為了彌補他潛意識中對於失去控制的恐懼。他的地位越高，就能掌握越多的控制權（至少他這樣認為）。因此他不想保持沉默，因為沉默就意味著失去控制或放棄控制。結論：我們有充分的理由，不去保持沉默。事實上，這些理由往往極其充分，甚至關乎生存。

如果（有些）管理者活著的目的就是掌控一切，並且將說話和控制畫上等號，那要求他們學會沉默，就顯得毫無意義了。甚至奢望他們保持沉默，都已經很荒謬。但我對於每個人的要求，包含管理者，就是具備反思的能力（這也是我們與動物的一大區別）。

Try!

當你又忍不住滔滔不絕時——內心深處會有何感受？是恐懼嗎？害怕失敗？良心不安？還是擔心失去控制？你又擔心些什麼？試著回想一個讓你無法閉嘴的場景，感受一下當時的情緒。然後撐著，維持一分鐘就很棒了。你在心中越常和越長時間回顧過去，在未來的現實中就能越常和越長時間保持沉默。恐懼會消失，你將學會沉默。

稍微反省一下，對誰都沒有壞處

儘管有著充分且重大的理由不用保持沉默，但這不代表，我們可以逃避反思自己對於沉默的抵制。順便說一句，每次團隊培訓或是團體輔導結束時，我都會把每個領導者叫到一旁（如果我之前沒有這樣做的話）問道：「對了，為什麼你不讓員工講個五分鐘的話？」由此得出來的經驗分布雖然不具代表性，卻很有啟發性，也很平常。有三分之一的人說：「好問題，你有時間來給高階主管上課嗎？」另外三分之一的人認為：「但如果他們胡說八道，怎麼辦？」最後三分之一的人則說：「是是，我知道，但我能怎麼辦？我已經很難改變了。」你會把自己歸入哪一類？你希望自己屬於哪一類？為什麼？或者更確切地說，為了什麼？

恐懼只是我們無法保持沉默的一個主要原因，此外還有其他原因。

無法自拔

工作、感情、家庭、環境、社會——一切都變得越來越緊張忙碌。我們用什麼來緩解這一切呢？我們不停地用手機講電話、戴耳機聽音樂、任由超市的背景音樂喧鬧不休、上網、發推文、晚上看電視，或是做其他事情來進一步分散注意力。我們太分心了，結果讓自己分裂成千百個小碎片。沒有一個人能只是安靜地坐著，放鬆心靈，保持沉默，集中心神。我們不願意這樣做，也無法這樣做，甚至根本不會想到這樣做。為什麼呢？

我們已經被壓力制約。如今的生活節奏實在太快速，導致我們無法再忍受安靜和沉默。我們已經成了壓力成癮者，德國的文化又極力推動這種現象。換個說法，你上一次在電視上看到主持人說「好了，為了讓我們享受一下安靜，現在播放一分鐘的暫停畫面」是什麼時候？暫停在德國這種文化中，是不存在的，安靜已經被打入冷宮，說話意味著收入，沉默則是浪費錢，一種反資本主義的罪刑。電視上一分鐘的廣告費用高達數萬歐元——我們可不能浪費一分一秒！

一名女學生告訴我，有個男同學打她，因為她拔下了男同學戴的耳機。這個男同學說自己「不是故意的」，這只是一個反射動作。如果他是故意這樣做，我反而比較不擔心，因為這種攻擊性的反射動作，就像典型的癮君子反應。當你奪走他的毒品時，他的爬蟲類大腦就會做出反應。在迷幻狀態下，理智幾乎不復存在。誇張一點講，持續的噪音轟炸會讓人退化成動物，會將人類的演化史倒退四萬年，即使擁有高中畢業文憑也無濟於事。

一名女經理告訴我，她曾試著戒掉早餐看電視的習慣，但失敗了。她說當時有嚴重的戒斷反應，靜悄悄的環境讓她受不了，所以到了早上，她又打開電視。對她來說，電視播放什麼，幾乎已經不重要，重要的是，「寂靜消失了就好」。她的本業工作是在一家大型醫療保健機構擔任藥物採購。想到這點時，我有點不寒而慄。如果那些掌握我們經濟的人，連這麼簡單的寂靜都無法管理，那我大概能猜出，上一場全球經濟危機是怎麼來的……當然這個假設無法通過經濟學的檢驗，但這確實能給人帶來一些思考。

最近有個學生非常困惑地問我，他沒有耳機就無法搭輕軌去大學，這樣算不算已經「嚴重成癮」。我沒有給他下診斷，而是建議他，試著在兩站之間的時間裡取下耳機。顯然，對於剛開始戒除這種習慣的人來說，要全程不戴耳機還是太困難了。這是不是很荒謬呢？現代人居然會得這種病。我們的父母輩曾經歷飢餓、寒冷和匱乏，而我們卻被成癮所困擾。我們沉迷於嘈雜的娛樂，飢餓和寒冷不再讓我們害怕，但寂靜卻能讓我們恐懼，真是離奇。

Try!

你上一次想：「我什麼都不需要，這一切都讓我煩透了！」是什麼時候？然後呢？之後你做了什麼？

美國的艾美許（Amish）人近來受到大量的關注。不僅是因為經濟危機，更是因為人們厭煩了當今時代的忙碌和喧囂。這些人尋求的是平靜、沉默、靜默、反思、以及內心的平和。一個插在耳朵裡的 3C 產品只會製造噪音，但它真的能讓人快樂嗎？我們看到那些戴著耳機、坐在輕軌上或沿著操場慢跑的人，看起來真的快樂嗎？如果這就是快樂，那我要怎麼逃離這種快樂？就我所知，艾美許人不用 3C，我並不是反對 3C，但如果沒有 3C，人們都不知道該做什麼了。把現代人的手機、推特和個人電腦通通拿走，你就會看到他們崩潰的樣子。我佩服那些站在森林小徑上、靜靜享受大自然的人，這才是真正的本事。我敢打賭，他們比任何戴著耳機的人都更幸福。

噓……

無法保持沉默的人，也無法獲得幸福。

再次強調：我並不反對3C，我反對的是會讓人上癮的東西，以及阻礙內心反思的事物。

Try!

我們不可能所有人都去當艾美許人或進入修道院，但是你可以尋找、創造、享受和維護屬於自己的靜默小天地。在哪裡呢？請你至少想出五個地點和時間，然後寫在這本書的空白處。

現在我們來進行一個更深入、更有趣的練習：你剛剛寫下了五個地方，或者至少想到了一個。爲什麼你很少去這些地方？是什麼阻礙了你？如果你眞的經常去這些地方，那還缺什麼嗎？什麼都不缺嗎？恭喜你！你其實已經不需要這本書了。你已經完全理解一切，能保持沉默，並靜靜地感受幸福。

靜默意味著放鬆，意味著休息

令人欣慰的是，有越來越多人開始意識到靜默的重要性。最近我越來越常聽到有人說：「與其在咖啡時間和同事聊天，我更喜歡到公司的庭院靜坐五分鐘，享受片刻的寧靜。」一位員工告訴我：「每個人都需要五分鐘的休息時間，但現在休息時，我再也不滑手機了。我只是看著窗外，享受一下寧靜和放鬆。」

噓……

無法保持沉默的人，也無法放鬆。

一位育有三個孩子的已婚女性對我說：「早上，老公和孩子終於出門後，我會關上大門，關掉收音機和手機，倒一杯剛泡好的咖啡，坐在廚房的桌邊，只是看著花園裡的鳥兒。這是早晨最美好的時刻，完全屬於我一個人。沒有這段小小的休息時間，我無法撐過這一天。」十分鐘的寧靜能為一整天帶來力量，因此男人經常躲進他們的遊戲地下室，不是為了打遊戲，也不是喜歡地下室，而是期待在這個小小的聖殿裡，找到那天堂般的（內在）平靜和忘我。不論你是每天早上要坐在早餐桌邊盯著牆壁五分鐘，還是偶爾擁抱一棵樹，或是做其他什麼事，都無所謂。最重要的是，你要定期給自己一些內心的休息時間。

噓……

沉默也表示互動的暫停。我們一直都在不停地忙碌著，這些暫停就像真正的救生圈和紓壓器。

對於那些時刻在場、隨時待命、隨時可聯絡的人來說，刻意且定期的沉默，正是

將靜默和沉默的時刻儀式化

他們的精神食糧。這些沉默的片刻甚至不需要太長的時間，幾秒鐘到一分鐘就已經足夠了。順便說一下，我還知道一個地方，你一定能在那裡找到這一分鐘，而且隨時都可以。你猜到了嗎？沒錯，就是洗手間。令人驚訝的是，辦公室員工之所以會躲到裡面，正是為了這個原因。不是因為生理需求，而是因為那裡是辦公室唯一能讓他們靜下心來五分鐘的地方。他們去洗手間不是因為真的想上廁所，而是一種內心的緊急防衛機制，世界已經淪落到這種程度了。

儀式能帶來無窮的力量。想想頂尖的運動員，在比賽開始或哨音響起之前，沒有一個人會喋喋不休，他們都會靜下心來，默默地在腦海中演練比賽或對決。在靜默中，力量得以蓄積。那些話說個不完的人，只是在浪費自己的能量。聽起來很有道理，但這並不意味著，經常保持沉默就是件簡單的事，因為沉默和放鬆其實相當困難。為什麼？因為我們掉入了一個陷阱。

沉默的男人不是情感上有殘缺，而是真正的男人
沉默可能是一種原罪嗎？

錯誤歸因的陷阱

我們之所以會不斷地說話，是因為有人灌輸我們這樣的觀念：說話很重要。在當今的時代，一個人如果不經常說話，就會被認為有社交障礙。不久前，有一個媽媽帶著四歲的孩子去看小兒科醫生，因為：「孩子不開口說話，他經常一坐就是好幾個小時，只是玩玩具。我的孩子是自閉症嗎？」小兒科醫生當晚非常震驚地告訴他的妻子，這個小孩只是處於一個喜歡獨自玩耍的發展階段，媽媽卻反應過度地想給他服用精神藥物。因為一個安靜玩耍的小孩——鄰居會怎麼說？老師會怎麼說？爸爸會怎麼說？阿公阿嬤會怎麼說？我們已經不正常了，竟然誤將這種情況視為一種疾病。從什麼時候開始，沉默被等同於精神疾病？按照這種推論，諾貝爾獎得主有一一〇％都是精神病患者，於是錯誤的歸因一個接著一個。

不願意表達情感的男人，常常被貼上「情感上有殘缺」的標籤。如果一個政治人物面對荒謬的指控保持沉默，就會被認為「心裡有鬼」。一位丈夫曾經滿腹疑問地向我訴苦，他和妻子結婚二十年了，妻子每天至少都會罵他一次：「你怎麼這麼安靜？我說錯了什麼嗎？是不是有什麼不對勁？你到底怎麼了？」她顯然是在歸因：沉默＝

有問題。這位困惑的丈夫說：「二十年來，我一直告訴她，當我感覺好、心情愉快的時候，就會保持沉默。為什麼她就是不懂呢？」

因為理解需要用到理智，而錯誤的歸因會讓理智短路。一定是有人曾經教過他的妻子：「沉默就代表有問題！」這是一種錯誤歸因，但由於這是無意識間發生的，所以妻子並沒有察覺到自己正在錯誤歸因。更糟的是，她（當然是無意識地）相信自己的錯誤歸因，而不是相信丈夫。

噓……

擺脫了關於沉默的眾多誤解，人會突然間更能自在地保持沉默。

人類會說話，但人類也會沉默嗎？人類可以學會沉默嗎？即使是廉價連鎖超市的收銀員？即使是教授？甚至管理者？或者老天保佑，政治人物？我認為：可以的。而且這個學習的過程，至少和結果一樣豐碩。在這個過程中，我們能深入了解自己、他人，以及這個世界。這裡舉一名四十二歲的部門主管為例：他是因為倦怠症狀而來參加輔導。這當然是一個長期的過程，因此短期的初步成效就顯得格外重要。所以，一開始我就建議他學習沉默。

在我們進行到輔導的第三週時，他說道：「我已經意識到沉默的必要性，因為當一個人沉默時，可以有意識地從壓力情境中抽離。但一開始我每天都會反覆地想上三十次：不對！他說的那些根本不對！我一定得說些什麼！我必須努力地學習，先保持沉默，讓自己集中精神，然後只說幾句關鍵的話，接著繼續保持沉默——而不是像以前那樣，滔滔不絕地長篇大論，或是陷入冗長的討論中。」

可以克制滔滔不絕的人，就能提升自己的效率

在第四週結束時，他突然靈光一閃，有了一次頓悟：「說得少，壓力才小！說得少，表現更好；說得少，能承擔更多的責任。擁有權力的人，不必經常開口。」說得少的人，看起來更有自信，也能感覺到自己更加自信。

媽媽的錯誤觀念：多就是好

在一棟出租公寓的樓梯間裡，我遇到一個媽媽正在訓斥女兒。在我看到她們（以及她們看到我）之前，我就已經停在她們上方的樓梯平台上。起初我不想打擾她們，後來我就聽得入神了，大約二十秒之後，我就聽懂她們對話的主題：「不要把濕衣服扔進洗衣籃裡！要先掛起來晾乾！」女兒顯然已經好幾次忘記這件事，因為媽媽又說了一遍，一遍又一遍。許多員工對上司也有同樣感受，以前我會覺得這些人有點愚蠢，但是在那個樓梯間，我突然意識到：

噓……

在溝通方面，我們也會不自覺地認爲：多就是好。

如果想要某人（最終）做某件事，我就會重複念上很多次，因此才有父母常說的

沉默的效果更好

那句話：「我已經跟你說了一百遍了……」很明顯的，認為重複等於有效的人，永遠無法保持沉默，尤其是在關鍵時刻。兩個小時後，我受邀到一位熟人家裡。當時我真想抱抱她，不是為了打招呼，而是因為她向我示範了一個相反的例子。

當時她的兒子正要出門，她突然叫了他的名字，我得承認，那個叫聲很尖銳。小男孩像是被釘住一樣站在原地，她轉過身來，只是盯著他看。他支支吾吾地說著什麼同學、足球之類，她揚了揚眉毛，他繼續扭來扭去。最後小男孩說：「知道啦，知道啦，妳不用再說了（她其實一個字都沒說）：先寫作業，再踢足球。可是今天的功課好多！我能不能先做完數學就出去？」——「不行，數學加德文，然後才可以出去。六點回來吃晚飯，再寫英文。如果今天沒有做完，明天就得先把所有作業做完，才能出去玩。」結果很順利，一句重複的話都沒有。

在這之後，我就想到一個問題。我一直在想，要怎麼跟樓梯間那位媽媽解釋，或是怎麼解釋才能讓她明白，溝通的時候「少即是多」。我也不知道，想不出什麼好辦法。這些一輩子什麼事都要重複說上一百遍、結果還是沒什麼改變的人，深信這套方法，大概就像堅信菠菜含有鐵質一樣吧（這也是個美麗的誤會）。

噓……

我們說話，是為了不必聆聽

通常，做事情比什麼都不做更讓人疲累。但保持沉默這件事，正好相反。滔滔不絕很少令人感到疲憊，但沉默反倒相當費力，讓人很難辦到。想保持沉默，需要大量的智慧、專注、善意、自我克制、動力和練習，才能真正掌握。一旦掌握了，沉默就會比不斷說話來得輕鬆。更重要的是，你會捨不得失去這項能力，因為當你沉默時，會聽到更多。

不斷說話的人，其實是在說：我根本不在乎你！

這也是當今人們這麼愛滔滔不絕的原因之一：我們不願聆聽。現今這個時代充斥著越來越強烈的自我中心主義：鮮少有人關心他人，即使在家庭中也是如此。有個家境富裕的媽媽，忙碌了一天之後，在傍晚先是發了一頓脾氣，接著又崩潰了。可是她的一個女兒竟然坐在客廳裡，一邊講手機一邊看電視：完全被聲音所包圍。爸爸覺得，媽媽在廚房裡提高音量說話時，女兒甚至用遙控器調高了電視音量。女兒顯然是想用更高的音量來蓋過媽媽的聲音（當然完全是無意識地）。

當晚餐時媽媽沒有出現，女兒一臉無辜地問：「媽媽去哪裡了？」這個爸爸後來告訴我，他在那一瞬間認真考慮過，要不要也來個崩潰，然後躺在妻子身邊，就這樣睡一整個月。他還問我，他的女兒是不是「怪物」，或者「是不是哪裡有問題？我的老天爺啊，自己的媽媽都崩潰了，這些小鬼居然只想到把電視音量調大？她們是瘋了嗎？我是不是該修改遺囑了？」我跟他解釋，他的女兒其實很正常。這裡所謂的「正常」就是指：符合時代趨勢、很時髦、切合當代的文化規範。可憐的他已經夠煩惱了，我沒有告訴他，文化在某些方面有多麼荒謬。他有兩個女兒，她們已經習慣不聽人說話，連自己的母親瀕臨崩潰時都無法好好地傾聽。

這個爸爸會生氣，是因為他期待某些人表現出同理心和關心。但這些人既沒有受過相關訓練，也沒經過習慣的養成，甚至在文化上也沒有這樣的義務。想要傾聽他人，首先必須能保持沉默。這意味著要關掉電視、手機和音樂。不一定時時要如此，但必須經常這樣做。

噓……

就是不想聽

沒有人聽我說話，沒有人在乎我。
——德國喜劇和聲團（The Comedian Harmonists）

值得注意的是，女兒居然在看電視，無視母親的崩潰。因為如果她關掉電視，就非得去聽母親的狀況。而傾聽，也就是認真的聆聽，對現代人來說，是一項威脅到自我認同的行為。不只是女兒會逃避這種行為，父親也會。比方說，有個爸爸在購物中心碰到鄰家小孩在哭泣，你猜他的第一句話是什麼嗎？「你為什麼哭？是不是找不到媽媽？」他就這樣對著小孩講了一、兩分鐘的話。懂小孩的人就知道這種溝通方式的荒謬。小孩子怎麼會知道自己為什麼哭呢？如果這時候不是九歲的小姊姊出現了，當天那一幕只會成為世界上大約五百萬件小事當中的一件。小姊姊起初什麼都沒說，只是默默地站在小弟弟旁邊，過了一會兒，她小心翼翼地握住他的手，小弟弟漸漸平靜下來，主動開始說話。然後兩個孩子一起走開，留下了一群搞不清楚狀況的大人。只聽見後面有人大聲「哈！」了一聲。這個人大概是我吧。

噓……

寧可少說一個字，也不要多說一個字。

——約瑟夫・維塔爾・科普（Josef Vital Kopp），瑞士神學家

對著一個哭泣的人滔滔不絕，這真是愚蠢到底了，也對人沒有一絲的尊重。這個小姊姊憑著直覺還知道這一點，她的直覺和同理心發揮了作用。她懂得保持沉默，用沉默來表達她無聲的關懷。她才九歲，但一定已經看過二十世紀最偉大哲學家維根斯坦的著作了。維根斯坦說：「對於無法言說的事物，必須保持沉默。」小孩子哭了，不要對他一直講蠢話！這時應該抱抱他，和他一起分擔痛苦，摸摸他的頭，用聲音安撫他，擦掉他的淚水，給他一根棒棒糖。或者就是靜靜地傾聽，給予孩子溫暖的人性關懷。為什麼現在連父母都不懂這個道理呢？到底是誰創造了這樣的世界？出路又在哪裡呢？當一個人被自己的情緒淹沒時，言語怎麼還可能會發揮作用？我們大人是不是連最後一點點基本常識都沒有了？尤其在這個例子中，這個大人根本不想被牽扯其中，他不想幫忙，不想傾聽，不想分擔孩子的痛苦，他只想趕快擺脫掉這個討厭的麻煩。

我們變得太自私，甚至不再關心別人。

噓……

滔滔不絕是這個「一切劃清界線」時代的症狀，我們不再關心人或問題，只想趕快擺脫他們。

自私的人總是強調自己的地位

兩個人在聊天，其中一個講到自己的腿傷得很嚴重，最多說到第二句，另一個人就會插嘴，說自己以前膝蓋傷得更重。這種情況是不是也經常發生在你的身上？你有時是受害者，有時是加害者嗎？為什麼大家會這樣做呢？

噓……

溝通其實不是爲了交流，而是彰顯地位。

人們說話的主要目的，並不是為了討論某個主題，而是為了獲得、提升和保護自己的地位。有人的膝蓋以前受傷，比眼前談話對象的腿更嚴重，他就會相信（完全是無意識地）這樣可以提升自己的地位。在男人之間，這種炫耀地位的行為往往演變成一場公開競爭：「我的腿打了五週的石膏！」、「那算個屁，我的膝蓋那時候打了七週的石膏！」女人就覺得這種幾乎毫不掩飾的陽具比大小很可笑，她們會更委婉地表達：「我的主治醫師對我照顧得非常周到！」地位象徵：主治醫師。也就是說，剛剛那句話翻譯過來就是：「因為我負擔得起主治醫師的醫療費用，所以我的地位更高！」這種虛榮的地位炫耀，是不是非常自大又愚蠢？人類真的是如此卑微、缺乏安全感、被自我懷疑啃噬的生物嗎？

我的房子，我的車子，我的船

不，我們當然不是這樣。人會喜歡玩「我的房子，我的車子，我的船」這種遊戲，這很正常，就像其他上百種遊戲一樣。人也需要遊戲。玩這些遊戲的人會覺得很有趣；看透這些遊戲的人，則會覺得樂趣更勝一籌。最有趣的事莫過於聽一個董事會成員炫耀他的百萬交易。我真想摸摸他這個小傢伙那頭精心設計過的髮型，然後說：

「媽媽為你感到非常驕傲！」而且我覺得，一個不玩這種遊戲的男人最有趣，這會讓我（以及其他女人，至於男人我就不確定了）印象深刻。在溝通中，這種地位遊戲的癥結，不在於人們玩遊戲，而是他們玩錯了遊戲，他們在和自己對抗。

噓……

滔滔不絕的人會不自覺地認爲，口若懸河、吹噓和炫耀都能提高自己的地位。怎麼會有人這麼天真呢？

後來，朋友對這位去找主治醫師看病的女人，總是在背後議論道；「她老是喜歡向我們炫耀，說自己多特別。主治醫師！呸！真是一個自以為是的女人。」至於這位找主治醫師看病的女人就私下跟我坦白：「為了更能融入這個圈子，我甚至都戒菸了，但她們還是不肯真正接納我。」我建議她，最好不要再暗自炫耀了。幸好她還夠機靈，知道向我坦承自己不知道如何在不炫耀的情況下，參與這類的談話。

我們進行了一次簡短的輔導，結果發現，無論我提起什麼話題，她都會不知不覺地把自己所謂的高貴地位帶進話題之中。我們聊到度假，她就會提到富豪度假勝地科羅拉多州的阿斯彭（然後咬了咬自己的嘴唇）。我們談到做生意，她會突然想到自己剛接的那筆大訂單（然後停頓一秒說：「唉呀，我又來了！」）第三次之後，她快崩潰了：「我就是這樣！一直都是這樣！我自己都沒發現！天啊！大家一定都覺得我很自以為是！」沒錯，我聽過對她最客氣的形容就是「傲慢的母牛」。但挖苦諷刺對她並沒有幫助，能幫她的是另一種說話方式：

• 不一定非要提「科羅拉多州的阿斯彭」，可以很自然地說「去滑雪」就可以了。當然最後別人可能會知道是去阿斯彭，但這樣就不會顯得是在炫耀。
• 不用說「主治醫師」，說「醫生」就可以了。

高階的沉默技巧：刻意隱瞞

這裡我們會接觸到一種新的沉默形式：**刻意隱瞞**。在某些文化，將這種隱而不言的技巧發揮到了爐火純青的地步。舉例來說，在一個傳統的土耳其家庭中，有個成員將空的冰箱填滿，但他不會主動說出是自己做的，因為這會被看成炫耀，而且對那些沒有這樣做、或是在同一時間做了其他家務（而且沒有聲張，因為他們認為這是理所當然）的人，是很不尊重的。相反的，在西歐，男人一年買一次菜就會大聲炫耀了，女人還會因此誇獎他。不同的國家，不同的文化。重點是：我們不必說出所有想說的話，可以刻意隱瞞那些會損害我們自身地位的事情。

刻意隱瞞那些不必要的細節，讓人更容易理解，是高度智慧和冷靜的表現。

順帶一提，這位找主治醫師看病的女人，現在已經完全融入她的閨密圈。大家都說：「她變了好多，和以前完全不一樣。」那些女性朋友都不知道其中的原因和眉角。但我知道：她現在不僅懂得隱瞞那些可能會顯得炫耀的事，還更能傾聽別人說話。她保持沉默的時間更長，也會對別人的話表示肯定和贊同：「你們在阿爾高找到一家這麼便宜的民宿啊？真是太棒了。」她花了很長的時間才明白，真正有地位的不是那些多話的人，而是那些懂得傾聽、話語極少卻深具分量的人。

沉默的跨文化意義

那些在乎社會地位的人，應該也能玩這樣的遊戲，商管教練湯姆・施密特（Tom Schmitt）稱它為「地位遊戲」。許多古老的文化更擅長玩這類遊戲，遠勝過我們這些無知、自私的西方人。舉例來說，當你在中國進行談判時，可能會被一個老先生弄得一頭霧水。他雖然坐在桌旁，卻不參與談判；他不動如山，而且始終沉默不語，甚至偶爾還會打瞌睡！就在談判進行當中！他難道不知道這個場合有多重要嗎？當然知道。但是在中國有一個潛規則：**誰沉默，誰的地位就越高**。一個人沉默的時間越長，地位就越高。董事長通常最後才會講話，大多數時候說的話相當於美國人說的「成交」。相較之下，在中國人眼中，我們的執行長、產品長、財務長可能就像愛講話的下屬。因為西方的管理階層，還未能完全理解沉默在跨文化交流中的意義。西方的管理者就是行動派，而行動就意味著說話。但在一些其他國家，不作為，也就是沉默，往往能比作為達到更多的效果。這一點，有些人即使過一百年也無法領悟。

我說，故我在

靜默修行中叫救護車送醫

有一位修道院院長很自豪地告訴我，他們的修道院會為管理者舉辦靜默修行，已經行之有年。多虧了這些管理者的慷慨捐獻，他們得以保存和修復這座美麗的古老教堂。唯一的遺憾是，偶爾會有一、兩名管理者在靜默修行中被緊急送醫，我當時簡直不敢相信自己的耳朵。

當時我還以為這位虔誠的修士在跟我開玩笑，但後來我漸漸明白了。我問他：「他們忍受不了靜默嗎？」他點了點頭，嘆了口氣說：「無論如何，我都不會想和他們當中任何一人交換位置。如果你因此失去自己最根本的東西，擁有全世界的財富、權力和地位又有什麼用？」我當時同意他的看法，但還是困惑了一陣子：為什麼管理者會在靜默中崩潰？直到聽了湯姆．施密特的「地位假設」，我才恍然大悟：

噓……

如果地位能代表自我，而說話能建立地位，那沉默就等同於地位的喪失，進而導致身分認同的瓦解。

管理者與其他很多人，都是透過自己的地位來定義自己。這一點在自我介紹的時候就非常明顯：「你好，我叫彼得，我是個醫生。」不，彼得，你並不是醫生，你只是以醫生為職業。但你在自我介紹的時候，就立刻把職業當成身分的替代物。這樣是很簡明易懂，但也是一把雙刃劍。在快速約會中，這甚至是一個無可估量的優勢：如果在你面前是一位同樣重視地位的女士，那麼單單「醫生」這個詞，就足以吸引她。她會一直愛你——因為你的保時捷、別墅和其他地位象徵（只要你還擁有這些）。由於你也很重視地位，所以這會讓你感到快樂。只有當對方並不看重地位時，你的自我標榜才會成為自我毀滅的雙刃劍。她會覺得你在第二句話就提到自己的職業，實在有點可笑。不過，讓我們回到那些崩潰的管理者身上。

當然，或許是因為一些負面思維在沉默中湧現，才導致管理者崩潰。但根據奧卡姆剃刀原則主張的「化繁為簡」，我更傾向於另一個在知識層面上更說得過去的假設：許多管理者是透過自己的地位來定義自我的，他們不是「擔任」管理者工作，他們本身就是「管理者」。這個地位對他們來說，是和說話緊密相連的。老闆就是那個說話最多、總是對的人。他一開口，就等於他說了算，也證明了自己是老闆。如果他不說話，就不是老闆了，他失去自己的身分——變得無能為力，他的自律神經系統就會失調。每當一個人失去自己的身分時，就會發生這種情況，我們通常稱為「死亡」。當這個管理者不說話時，他就等於死亡。

到目前為止，還沒有導演想到這樣的恐怖片點子，但已經有數百萬名工人和職員想到了，其中許多人向我證實：「我們老闆超喜歡說話，如果要他閉嘴五分鐘，他就會感到很不舒服！」五分鐘？在這一點上，員工都搞錯了。在修道院裡，第一批管理者甚至連三分鐘都撐不住，就從祈禱跪凳上面倒了下來……

對許多人來說，講話就是身分

佛洛伊德會說：外在的崩潰反映了內心的崩潰。如果剝奪了管理者的言語，就等於剝奪了他們的身分。失去了地位後，我還能是誰？一個無名小卒。更糟的是：我甚至連一名無名小卒都不是，無名小卒至少還算是個人。或者用一個熟人的話來說：「過去你至少還算是個廢物，今天的你連廢物都不如。」如果失去了地位，我就不再存在。當然，這聽起來有點偏執狂了！但無力感本身也可能是精神病的徵兆。

一位老朋友聽了我那精闢的假設，略帶嘲諷地說：「如果這些傢伙必須保持沉默，他們就會被迫進行內省。在靜默中，應該會有思緒湧現。然後他們就發現，什麼都沒有出現，因為裡面什麼都沒有，整個人就是一個空洞。這是一個瘋狂的領悟，然後他們就崩潰了。」至少在這裡，我們認識到人類表達欲的一個核心功能：用來掩蓋我們對於自身的不滿、覺得自己不夠優秀、不夠完美的事實。這當然是在胡扯，因為事實上，一個人的底蘊一定比表面上看起來的東西還要多。

就算我們不讓一個管理者說話，他也並非什麼都不是。這只是他自己這樣認為罷了。他之所以會這麼想，是因為沒有意識到，自己同時還是個丈夫、父親、好友、帆船手、高爾夫球手、液壓專家、有魅力的人，以及其他許多身分。去發現這些多重身分，探究它們的價值，並提高它們的地位，這就是沉默帶來的巨大機會。沒有人想剝奪管理者說話的權利，畢竟說話能讓他們獲得地位和身分認同。但如果除了說話之外，他們也能認識到，自己還有其他身分，那不是很好嗎？

噓……

無法保持沉默的人，不僅不尊重談話對象，也不尊重自己。

他們沒有發現，除了主管、父親、配偶……之外，自己還是什麼樣的人，或者能成為什麼樣的人。

Try!

如果你不是自己認爲的那個人，你還能是誰？在你滔滔不絕的個性之下，還隱藏了什麼？還有多少個不同的自我？你對這些自我有什麼看法？沉默不語時，你又是誰？你對這樣的自己感到滿意嗎？

按下紅色按鈕

有時我們會因為一時口快，在事後感到後悔。比方說，我們可能對老闆出言不遜，或者和另一半爭執不下。當我們無法控制自己的舌頭，說話比思考還要快時，往往事後才會意識到自己犯了錯！但是當我們滔滔不絕的時候，就是渾然不覺，因為理智已經被拋到腦後了，這是為什麼呢？

噓……

當有人觸碰到我們的痛處時，我們往往會開始口不擇言。

因此，主動面對沉默相當有建設性：從中我們能學到很多關於自己的事，比如我們的痛處在哪裡，而且這些痛處往往比自己想像的還要多。有一位客戶提供了一個很棒的例子：「如果街上的乞丐罵我是濃妝豔抹的母狗，我根本不會在乎。但如果另一半覺得我週六晚上和朋友聚會時，穿得太『花枝招展』，我一定當場爆炸。為什麼？」因為這碰觸到她的痛處，她希望在朋友眼中穿得得體，而不是花枝招展。為什麼她會如此在意呢？這正是關鍵問題，這個問題指向了她的痛處（我們在這裡不需要了解具體是什麼）。

其實你可以從一個人身上有多少痛處，來判斷他的性格是否成熟穩重。有些人非常敏感，任何一句不當的話都會激怒他們。但也有些人，即使面對惡意攻擊，也能輕鬆冷靜地應對——沉默地帶著一抹智慧的微笑，隨後用一、兩句話就將整件事輕描淡寫地化解。就像俗話說：「有些事情實在太蠢了，我根本懶得（開口）回應。」

Try!

你經常在什麼時候、什麼情況下、對什麼人發脾氣？對方有哪些特定的激怒話語會讓你火冒三丈？當然，你會覺得自己被冒犯了，但究竟是什麼地方觸動你了？

當管理者總是抱怨，員工「講的都是蠢話」，所以他們不得不開口時，我通常感到困惑：那又怎樣？這有什麼大不了的？畢竟嚴格來說，員工並沒有決定權。所以這個主管完全可以帶著自信的笑容，用一、兩句話糾正就輕鬆帶過。但他並沒有這樣做，而是馬上開始一場通識課程。為什麼？因為他被觸動了。那觸動到他哪裡？他的權威主義情結，或是他的完美主義、他的控制欲。具體情況，只有當事的主管（和他的教練）才能找出原因。但有九〇%的例子，主管會說：「我沒想到原因居然是這個，我必須改掉這個習慣！」為什麼呢？

噓……

不了解自己痛處的人，很容易被他人隨意擺布。

小孩子經常會利用這點來激怒家長。比如他們的房間亂了五週之後，要求他們去整理一下，這讓他們很不爽，臨走前還會射冷箭：「妳真無聊，朱立安的媽媽比妳開明多了！」我相信，聽到這句話，肯定會觸動每個媽媽的痛處。要麼心生殺意，不然就是想狠狠大吃一塊巧克力奶油蛋糕來自己冷靜，然後祭出一連串的處罰手段。不過我認識一個媽媽（而且不只一個），她最近開始發現自己的痛處。不是因為去做了輔導，而是她有一個很好的朋友。所以最近當她的小孩射冷箭時，她就面帶微笑慈祥地說：「你知道嗎？這樣的吹毛求疵讓媽媽很高興，我就是喜歡一個整潔的家！」先不論這種反擊會對小孩和他的挫折忍受力造成什麼樣的影響，我們可以確定的是：

噓……

知道自己的痛處並能妥善應對的人，就不需要再發脾氣，或者找藉口來辯解了。

懂得自己痛處的人，不會再受他人操縱、說出一些讓自己後悔的話。在談判中，這種能力是無價的。聰明的談判者會刻意尋找對方的紅色按鈕，然後按下去。因為他們知道，如果我按下這個按鈕，對方就會不經思索地把話全部倒出來；而講話不經思索的人，往往會犯錯。

不經思索，話又多

我們之所以講話會脫口而出，而不是先靜下來思考，最主要還是因為純粹、徹底、毫無掩飾的無腦。雖然我們經常這樣說，但這不能解釋一切，我更願意稱之為缺乏專注或察覺能力。

Try!

你有沒有發現，人們在交流時：一切都在快速、自動、無反思的情況下進行。你如何識別出這一點？用語言、手勢、表情、身體姿態，還是呼吸？

近年來，不假思索、脫口而出變成一種風氣。佛教禪宗的信徒說，人在說話的時候，會心不在焉，我覺得這種風氣很值得擔憂。

如果一個人跟我說話的時候心不在焉，那我到底在跟誰說話？他的話又有什麼價值、什麼可信度、什麼誠意呢？

一種不在乎的文化

噓……

> **這個男人故意慢吞吞講話，是因爲他累了嗎？兩者都錯。狄奧・托羅只是在回答問題之前，會先思考。**
>
> **——克里斯汀・魯貝薩門（Kristin Rübesamen）在《南德日報》上談論奧斯卡獎得主班尼西歐・狄奧・托羅**

德國的文化同樣也助長了這種不經思考的風氣：即使我只稍微遲疑了三秒鐘，沒能立刻回應，對方就會立刻催促我趕快開口。我們這個時代並不在乎經過深思熟慮的答案，只在乎毫無間斷的言語轟炸。不管一個人說了什麼，重點是要快，內容是否未經深思熟慮，是否過於空洞，都無所謂了。且不說在這種情況下，大多數時候只能說出廢話，更重要的是，這對我會有什麼影響呢？就像加拿大歌手 K. D. Lang 所唱的：

「我已經離開自我太久，所有的感覺都快消失殆盡了。」

> **凡事不經思索、說話又快的人，會越來越遠離自我。**

因此，許多人彼此之間變得陌生。「我照鏡子時，認不出自己了。」這是心理治療中，最常聽到的話之一。

請你盡快回答下列問題：你過得如何？請先給出答案。好了，現在請強迫自己思考十秒鐘後，再回答一次同樣的問題。

這個小小的練習，有時會產生驚人的效果，有時卻令人崩潰。有人在開始思考後，根本停不下來。因為當我們不再滔滔不絕時，思緒就會湧現，好的壞的都會出現。突然之間，我們所說的話，會帶有一種深度和真實感。這種深度和真實感，會讓我們這個充滿表面化的日常生活，增添一抹令人震驚又警世的莊嚴感。

你生命中最棒的五秒鐘

我認識一個經理，他每次說話前都會做這個練習。他說的話讓人又敬又畏，在公司內他被視為公正廉明、無人能及。對於這兩點，他總是笑著否認說：「我並沒有大家說的那麼聰明，我只是給自己五秒鐘的寶貴時間來思考，然後再說話。」就是這短短的五秒鐘，讓他的話語有了一種無可比擬的品質。如果是十秒鐘呢？那會帶來什麼樣的效果？

做你想做的事，但你必須真的想做

這本書的主題，很容易引導人去過度強調沉默的重要性。但這絕不是我的本意！我想要提倡的是，對於說話和沉默都保持一種自覺、清醒、警惕和深思熟慮的態度。這是一種有意識的選擇：我應該沉默嗎？還是應該開口？如果我選擇開口，那麼我該說些什麼？

噓……

只有在你眞正想說、而且想用自己方式說話的時候，才開口說話。不要因爲受到別人操弄或出於反射而說話。保持沉默也是如此。

這就是我所謂的真實、中庸、真正意義上的個人化溝通，因為這背後是一個真實的人，而不是盲目的反射動作。當你突然在說話前仔細思考，或者選擇沉默，而不是像以往那樣立即開口，周圍的人一開始當然會感到困惑。不用擔心：你的親朋好友會習慣的。他們很快就會發現，經過深思熟慮、仔細琢磨，你講的話更具分量。

動物沒有選擇，只有反射動作。對人類來說，在刺激和反應之間，不應該是反射，而是理智、個性和決定。誇張一點來講，無法保持沉默的人，只能算是半個人。

技巧摘要：學習沉默

✔基本上每個人都會沉默，我們要做的只是閉緊嘴巴，就這麼簡單。

✔如果我們依然沒有閉嘴沉默，那必然有充分的理由，請仔細探究這些理由。

✔如果在某些特定場合你無法保持沉默，隱藏在背後的是哪些信念或恐懼？

✔在這些情況下，會觸動你哪些情緒？

✔一直保持沉默也不是好辦法：你要有意識地講話，也必須有意識地沉默。

4

逃避內心的沉默

唯有靜默向我們揭示生命的奧祕。

——托馬斯·羅曼努斯(Thomas Romanus),德國作家

噓……

為什麼我們會逃避自己追尋的事

我們生活在一個壓力重重的時代，這一點無庸置疑。大多數人經常感到精疲力盡、不堪重負、心有餘而力不足。我們都能感覺到：一點點的安靜和休息，對我們來說是很有幫助的！醫生和心理學家（以及一般人的常識）都一致認為，問題不在於外在的安靜或世界的沉默，而是內心世界的靜默——內在的沉默。

只有內心平靜下來，我們才能重新獲得力量，找回自己。

這一點我們都心知肚明，也渴望這樣做。但為什麼做不到？為什麼我們連手機都關不了一個小時？為什麼要一直保持開機？或者一直說話？就算有些人很討厭這種噪音和壓力也要如此？為什麼車裡的收音機總是開著？是因為要聽交通廣播？說出去沒人會相信。為什麼我們連在一個安靜的房間待五分鐘都做不到？答案其實很簡單。

因為我們無法忍受靜默——儘管我們需要它，也渴望它。對我們之前的大多數世代來說，靜默是一種祝福；但對我們來說，它竟然成了一種詛咒。我們的社會正在集體逃避靜默，我們文明的一半和所有的大眾媒體，似乎都是為了逃避靜默而存在的。看看那些無聊的影片吧，一小時又一小時地播放著！但我們還是在螢幕前坐得好好的。因為這種會讓人變笨的節目，總比獨自靜靜坐著、忍受那可怕的靜默還要好。內心的沉默讓人害怕。

為什麼管理者的工作要這麼繁重？

我認識一些主管，他們每天處理數百萬的交易，管理著數千名員工，似乎沒有什麼事情是他們做不到的——除了獨自坐在一個沒有電視、收音機、電腦、平板電腦、手機、電話和雜誌的房間裡，也就是沒有所有的「文明拐杖」。這些文明拐杖的發明，彷彿是為了保護我們免受人類最大敵人的侵害，那就是殘酷、吞噬一切的靜默。

而且，讓人分心的方式也越來越多樣化。最近有人對我說：「我已經迫不及待想看到新的 iPhone 上市。」我對這種孩童般的喜悅感到有點驚訝。就我而言，我會更期待一次愉快的週末旅行、和老朋友聊聊天，或者自己孩子的成就。但時代就是這樣變了……有變得更好嗎？

讓老闆安靜

有位資深的祕書向我眨眼透露：「如果老闆真的惹到我，我就會讓他的電話無法使用。最多五分鐘，他就會急得抓狂。」因為他接不到電話、不再受到關注、不再重要，也不再不可或缺。

現代人就是透過自己引發和參與的噪音來定義自身。拿走一個主管的手機，他就會陷入危機。但把手機還給他，他又會像嬰兒吸吮奶嘴一樣安靜。而且這種事不是只發生在管理者身上，很多人都是這樣。

Try!

在一個安靜的週末或下班後，找一個安靜無聲的房間，關掉所有會讓你分心的東西，光是做到這點可能就很困難了。然後——什麼都別做。你能堅持多久？幾分鐘？還是幾秒鐘？

我認識一些男人，在這個練習中只撐了十秒，然後就甩門逃出靜室，甚至向妻子請求做家事。家事！女人們想不到吧！難怪十七世紀法國的天才數學家、物理學家、哲學家布來茲．帕斯卡（Blaise Pascal）曾說：「人類所有的不幸，都源於他們無法安靜地待在一個房間。」

我們做不到，也不想做，寧願去發動一場戰爭、建造一棟房子，或者和另一半爭吵。甚至更難以置信的是，去做家事。

我們不停說話、聽講、看東西、消費，正是因為無法忍受自己內心的靜默。我們寧願加班或做家事，甚至看沒營養的遊戲節目，當中的真相可能令人不舒服：

噓……

我們受不了

內在的靜默（一開始）會令人感到恐懼。

因此理性的選擇是：與其做那些會讓人害怕的事，還不如打開電視。當然，只要智商比室溫高的人都知道，電視看多了絕對會變笨。然而，變笨至少不會痛苦。相反的，靜默真的會讓人痛苦——不僅是身體上的，更是心靈上的痛苦。為什麼呢？

迷失自我時，應該尋找的地方

為什麼內省會帶來痛苦？是因為陌生與不習慣嗎？這也是原因之一。但最主要的是，它會讓人害怕內心的空虛，以及那些冒出來填補空虛的念頭。

Try!

和女性交談時，請特別留意一下：如果你在對話中突然保持數秒鐘友善的微笑，而且沉默不語，會發生什麼事。看著你的談話對象：她的不安顯而易見。因此她很快就會問：「怎麼了？我是不是說錯了什麼？」

不難看出，這背後隱藏著多種恐懼：唉呀，我出糗了！對方可能不再喜歡我了！他覺得我很蠢！我說了蠢話！他對我有意見！這確實會讓人聯想起米爾格倫（Milgram）的服從實驗，之後請用一句明確安撫的話來結束：「沒事的，真的，我剛剛只是在想一些和我們談話無關的事。」這種過度的安撫是必要的，讓現代人在面對片刻的靜默時，不會過於恐慌。

噓……

靜默讓人痛苦，因爲它會引發恐懼。恐懼來自內心的聲音。

當閉上嘴巴，並關掉所有會讓自己分心的事物時，內心就會開始向我們說話。這（有時候）很糟糕，甚至（有時候）會帶來痛苦。我也經常喜歡逃避，因為並非總是有時間和興趣去面對那些惱人的念頭。偶爾逃避靜默和念頭是沒問題的，但如果一直這樣做，就會迷失自己。

這是很合理的。如果我們不斷壓抑自己的內心，最終就會失去它。到了那時候，內心的聲音再也不會困擾我們，然後我們就能不受干擾地消費、買車、買房、投入工作。問題只在於：就算擁有四棟房子和六輛車，也無法帶來真正的幸福。消費、財產和富裕是很美好，我也寧願擁有更多，而不是更少。如果明天中了樂透，我絕對不會拒絕這筆獎金。但是如果從明天開始，我必須放棄自己的五分鐘內心靜默，那麼最多三個月，我可能就會精神崩潰，就像那些讓你心煩的人一樣。這些人並不是瘋子、虐待狂或邪惡，他們只是逃避靜默、逃避自己太久了。這對任何人都沒有好處。久而久之，每個人都會變得難以忍受。

噓……

靜默是心理衛生的一部分。

當然，刷牙很麻煩。要教會有些孩子刷牙，得花上好幾年時間。但我們都知道，如果不刷牙會發生什麼事。對於刷牙，我們知道結果；對於靜默，我們還不大確定，但每個人或多或少都能猜到。讓我們順著這種直覺，讓我們相信（哪怕只有一瞬間），如果我們停下腳步，培養靜默，對自己是有好處的。當靜默來臨的時候，我們該做什麼？

學習和自己對話

當靜默來臨，念頭就會湧現。其中有些念頭會讓人想要逃避，這就是為什麼我們常常逃避靜默。

在靜默中，才能真正認識自我。

噓……

認識自我非常痛苦

而且，認識自我一開始並不像俗話所說的「是改善的第一步」。這聽起來很美好，但事實並非如此。

不，認識自我一開始往往相當麻煩、尷尬、痛苦。當你處於靜默時，腦海中會浮現哪些念頭？你自己看看。不，你沒有瘋，每個人都會這樣。當一個人真正靜下來時，不舒服、擾人、困惑、麻煩的念頭都會浮現，這幾乎是所有人的共同經驗，就連達賴喇嘛也是如此！只是人們就是不願意傾聽，因為這會讓人想起，自己一直逃避靜默的念頭。為什麼不願意傾聽靜默想告訴我們什麼呢？

靜默本身並不可怕，可怕的只是，我們不知道如何處理從靜默中浮現的念頭，因此寧願逃避，或是壓抑那些不愉快的想法。這樣會讓人感到輕鬆，就像有煩惱時喝一杯啤酒解愁一樣。但這樣保證會有後遺症：啤酒並不能消除煩惱。其實解決的方法也很簡單：

當靜默中念頭湧現時，和它們對話吧！

這就叫做「內心對話」，這也是現代人不再具備的一種能力，這種無能為力聽起來很滑稽。我們什麼都能做！我們可以用垃圾貸款，把經濟和金融體系推向破產，讓幾百萬人失業。我們可以破壞氣候、分裂原子，甚至即將實現冷核融合。我們可以把人送上月球，甚至不久之後要把人送往火星。但是，我們竟然無法與自己對話。

有位亞洲的客人參觀一棟現代德國公寓，看到客廳、廚房和兩個兒童房間都裝有平板電視，他評論道：「我們不需要這麼多電視，我們比較喜歡和人聊天。」是啊，你這個傢伙！因為你們還做得到！我們早就做不到了啊，我們早就忘記外在的對話和內心的對話。不過，理論已經說夠了。

在這個思考的階段，我輔導的客戶和研討會學員經常問我：「但是當靜默來臨時，心中湧出邪惡的念頭，我該怎麼辦？」請你完全依照字面的意思：和它們對話！但不要像你平常的方式：「滾開！我現在不需要你！這根本不對！你又在說什麼？不要總是這樣……這到底是什麼意思？這根本不該發生！你給我振作一點！」當然，如果別人在我們面前耍白目，我們當然會這樣和他們說話。

有時把人或念頭推開，其實是可以的。偶爾做一些完全不同的事情，會是一個有趣且值得的實驗。尤其你推開人或念頭的時候，其實感覺不太好。順便一提，沒有人會感覺舒服。所以，如果你不推開這些念頭，不去壓抑或斥責它們——你要怎麼做呢？有些顧問會建議，即使是讓人不愉快的念頭，也應該歡迎、接受它們，並讓他們存在。我認為這種做法難度太高，不大適合初學者。如果你做到了，那我很佩服你，請繼續保持。如果做不到，那就從一些簡單的事開始吧。

噓……

當這個讓你感到困惑或不好的念頭浮現時，請誠實告訴自己，它在你心中引起什麼感受。

就拿莎拉來說吧，她在兩年前離婚，就她自己所說：一直到現在，對於前夫的壞念頭還是經常「突襲」她。難怪她會逃避靜默。至今，她的內心對話一直是這樣的：

內心：「妳為什麼要離婚？」

莎拉：「啊！走開！我不想再想起那件蠢事了！」

內心：「妳都離婚了，卻還放不下他！他還在妳的腦海裡揮之不去！」

莎拉對這段對話早已爛熟於心，她受夠了，它不停折磨她。所以，每當想起

對話示範

前夫，她就跑去購物、看電視，或是埋頭工作。幸好莎拉是非常聰明的年輕女性，她早就意識到，逃避需要消耗精力，而且無濟於事。所以她嘗試「對回應再反應」（Reaction Response）：她告訴這個念頭，它在她心中引發什麼感受。

內心：「妳為什麼要離婚？」

莎拉：「這個問題讓我有點意外與困惑。我離婚的原因不是早就很清楚了嗎？」

然後奇怪的事發生了，**內心對莎拉說：**「當然不是！不然我為什麼要問？」

莎拉：「可是我當時和現在都有這麼多充分的理由啊！」

內心：「是沒錯啦，但還是有一些事讓妳放不下。」

莎拉：「是什麼事讓我放不下？」

內心：「要是我知道就好啦！我只知道在腦海中、尤其是在心裡，妳有時還是會揪一下。」

莎拉：「好吧，我們來談談這個。」

當莎拉進行這段對話時，她的姊姊就在旁邊。這不是偶然的，莎拉喜歡「大姊」在場的情況下嘗試新事物。完成這場突破性的對話之後，莎拉向姊姊道歉。

莎拉：「對不起，我剛剛心不在焉這麼久。」

我們真正需要的，是自己

姊姊：「為什麼道歉？妳剛剛最多才一分鐘沒說話。」

莎拉：「什麼？才一分鐘？我覺得像過了半小時。」

姊姊：「妳看起來也像這樣，多少有點放鬆了。」

莎拉：「放鬆？」

姊姊：「妳笑了。妳以前想到前夫的時候，從沒笑過，還會把房間的垃圾桶踢得東倒西歪。妳剛才到底做了什麼？為什麼這次的念頭顯然完全不一樣？」

不同的是，在這件事情上，莎拉第一次在心裡和自己對話了（你也可以用書面方式進行，這被稱為「創意寫作」）。這才是我們真正需要的，不是新鞋子，不是新手機，不是第三輛車，也不是貂皮披肩。雖然這些東西如果真的有，我也會立刻想要，因為很讚、很棒，而且很漂亮。但它們真的無法真正幫到我，無法讓我完整，無法讓我平靜，也無法真正推動我向前。它們無法幫我找到自己、與自己和解、讓我成長、成為完整且更好的人、放下那些糟糕的念頭。有時候，我就是單純想這樣，所以我沉默，然後和自己對話。為什麼整個西方文明會忘記這一點？難道有這麼困難嗎？

內心對話其實很簡單：有什麼比跟自己講話更簡單的呢？但我們會覺得這麼困難，是因為受到文明的影響，受到錯誤的暗示、錯誤的教育和內心的推波助瀾。比如內心的推波助瀾可能會說：「你做得不對，天啊！你連這個都做不好！」你會怎麼處理呢？

噓……

你也應該與那些惱人的念頭對話，因爲它們根本不存在。

每一個浮現的念頭都是可以對話的。你可以對完美主義的念頭說：「我現在還做不到完美，但如果你讓我練習，我很快就會了。」你也可以直接面對那個潛藏在「一定要做到完美」背後的失敗恐懼，對自己說：「沒關係，你還不用做到完美，你可以犯錯，大家不會怎麼樣，而且你會從中學習。」這聽起來是不是很體貼、成熟又充滿關懷？沒錯！

噓……

用理解的方式和自己對話。

如何對待別人，就如何對待自己

這正是為什麼我們與自己的溝通不再順暢、為什麼會害怕和逃避靜默的真正原因：我們對自己失去了理解。這又印證了一句話：外在如何，內心就如何，我們通常也缺乏對他人的理解。或許是因為「愛你的鄰居」這樣的社會規範，在一百年前就過時了。理解？對老闆？對同事？對前任？對愛抱怨的孩子？對討人厭的客戶？對愚蠢的同事？哼！事情居然會發展到這種地步，不過，偶爾這也是好事。有時候對親近的人發脾氣是可以的，但如果一直處於這種狀態，變成一種強迫或習慣，而無法擺脫，那《聖經》就說對了：如果別人打我右臉，我不願意轉過左邊的臉頰，也就是不願意

這不應該！

展現理解，那麼最終受傷最大的是自己。因為我會變得越來越有攻擊性，而攻擊性會吞噬人。

對自己多一點理解，有什麼不好呢？很多人只要電話響久一點，就會跟我道歉：「對不起，我剛剛躺在沙發上。」為什麼要道歉？為什麼要因為自己稍微休息一下就感到抱歉？如果覺得工作有點難熬，為什麼我要感到羞愧？為什麼我不允許自己有這樣的想法？因為這不應該嗎？

「人總是要賺錢的，所以別想了！給我閉嘴！你不喜歡工作已經夠糟了！現在給我振作起來！」強迫自己振作起來，是多麼累人啊。在振作的過程中，我們又會被「振」走了多少東西，直到自己傷痕累累，傷痕甚至深到連我們都找不到自己。為什麼我們不能有這樣的想法？

「我對這份工作已經厭倦透了！」

「什麼？一直都這樣嗎？」

「不，只是最近。」

「可是你總是要賺錢啊！」

「我沒否認這一點，就是最近覺得特別厭煩。」

「那有什麼能讓你感覺好一點？」

「如果我不用這樣做就好了，就是這個『總是』很討厭！」
「你是指工作，還是……？」
「不是，其實更像是，我不能按照自己喜歡的方式去做。」
「那你希望怎麼做呢？」
「嗯，我想更有創意一點，不要總是遵循那種老套的固定模式。」
「好吧，那你具體想怎麼更有創意？」
「什麼？你的意思是，這樣行得通？我可以這樣做？」
「為什麼不行？有誰禁止我們這樣做？只要我們達到目標，想做什麼都可以。所以開始行動吧！」

這樣我們也順帶發現了動機的祕密，也就是內在動機（外在動機並非真正持久的動機）：

噓……

能與自己好好對話的人，會順帶培養出極強的動機。

因為與自己對話的人，總能發現自己的需求。而且沒有什麼比滿足內心深處的需求，更能激勵自己了。這樣也會帶來快樂，特別是對自己感到滿意。你可能已經注意到了，這需要先有一種特殊的對話方式：

噓……

帶著興趣和自己對話。

你不必一開始就非得對自己產生興趣，這個要求太高了。興趣隨著時間一久才會出現，但你可以試著對自己心中浮現的念頭感興趣，它想告訴你什麼？背後又隱藏著哪些興趣、動機和意圖？

「它想要擾亂我！它讓我感到害怕！但我不能害怕！我必須堅持下去！工作！把恐懼趕走！」

「好吧，已經沒事了。恐懼的確很討厭，但恐懼想從你身上得到什麼？」

「我怎麼知道？」

「恐懼是一種保護機制，讓你不用去做自己害怕的事。」

「但我必須……（工作、報稅、和小學生談話……！）」

「好吧，那麼恐懼就是在保護你免受其他事情的侵害，到底會是什麼呢？」

噓……

和自己對話時要友善，先假設你的每個念頭都有正面的目的。

這意味著：絕對不要有負面的假設！如果你認為自己膽小、懶惰、缺乏紀律或不理性，就在內心對話時這樣說：「好吧，你覺得自己有點不正常，這沒問題，我能理解，這樣的念頭確實很煩人。」然後再對自己展現善意。

這是一個公理，既然是公理，你應該盲目且毫無疑問地堅持它。單純從邏輯上來看：如果認為自己的念頭都是負面的，那你內心的對話永遠不會產生任何正面的結果。因為如果得出最後的結論是，你這個人根本毫無價值、沒用又愚蠢，這樣又有什麼意義呢？沒有任何意義。

此外，從純粹生物學的角度來看，這種說法是錯誤的。人都是自私的，所做的一切都是為了自己的利益，否則我們就不可能在演化過程中存活下來。無用的行為在演化中沒有存在的空間，或許短暫四個小時可以，但絕不可能長達四萬年之久。因此你思考的一切，即使一開始讓你不舒服，最終結果也必定對自己有益。

噓……

找出隱藏在（不愉快）念頭背後的正面好處。

要如何做到？透過與自己對話。除了你，沒有人知道答案，所以問問自己吧。要禮貌、友善、堅持不懈。像偵探福爾摩斯或瑪波小姐一樣，調查自己。

我們如何應對自己

認識你自己，但不要過度吹毛求疵。奇怪的是，很多勵志書籍都在呼籲這一點。

舉個例子，馬克告訴我，他的女朋友到紐約待了六週，已經兩天沒打電話了，這讓他非常焦慮。到了第二天，她終於打來！而且是在半夜：「我氣瘋了，她先把我晾在一邊，然後又把我從床上挖起來！」但是馬克在講述這個故事的時候，顯得異常輕鬆，所以我問他是怎麼應對的。他說：「我上過一個研討會，所以知道怎麼處理這樣的事情。具體來說就是這樣：她真的把我晾在一邊了嗎？這是真的嗎？然後我換個角度想：她後來還是打給我了，這不是很好嗎？這表示她還是有點在意我嘛！」

我聽得啞口無言，所以小心翼翼地問他：「今天是星期二，明天是星期三，如果今天和明天她都沒有打給你，你會怎麼想？」那一瞬間，他眼中閃過了一抹「換個角度想」的色彩，但很快的，他的情緒還是壓倒了一切：「他×的，我們從來沒有分開過！過去我們每天都要聊上好幾個小時！我真的需要有人來和我聊一聊這一天發生的事情。她不在的時候，我真的好想她。」

請你牢牢記住：

噓……

如果有人告訴你，你可以、應該或必須輕易忽略自己的感受和需求，千萬不要相信。

這就像你對一個哭泣、害怕的四歲小孩說：「小朋友，地下室裡根本沒有怪物！」每個正常的小孩聽了這句話，都會覺得自己根本不被理解，甚至是被嘲弄，因為恐懼是真實的！孩子們感受到恐懼也是真實的！你無法用理性的解釋輕易消除那已經被感受到的恐懼。如果這麼簡單，我們就不會再感覺不舒服了！我們只需要對自己說：「現在這麼難受又沒什麼幫助！」我們不該混淆理智和感受，感受是真實的，需求是會帶來痛苦的。試圖說服自己換個角度看問題，根本就是一種自我貶抑。或許我們可以從另一個角度去看，但感受不會改變！

關注你的感受，嘗試理解它們，不要過度解釋它們。問問自己，你可以為這些感受做些什麼。當我對馬克說這些話時，他睜大了眼睛：「下一次我不會再等她的電話了，我也不會再自欺欺人，以為一切都會沒事。雖然我們約定好總是由她打電話，但如果我需要她，就會打電話。如果她沒有時間聊天，我就去找別人，我需要一個可以說話的人。」這是他的需求，也是他的正當權利。自我尊重始於尊重自己的需求，如果我們連自己的需求都不尊重，那還有誰會尊重呢？正視你的需求，多關注自己。

如何讓自己輕易消失　為什麼我們忽略自己

「噁心！」可惜這往往是我們的第一反應。因為在西方國家，我們被教育成永遠不要想到自己、不能同情自己，也不能對自己有同理心，這是一種打破禁忌的行為。我們應該要工作、要運轉、要為他人著想、要服從上司、要聽父母的話，而且不能問愚蠢的問題！我們要買車、買房子，把所有的收入都花在消費上，但是我們不該好好關心自己！

我認識的一位治療師喜歡開著玩笑說，他有時會在療程上，給那些主管、媽媽或其他過勞的患者一張五十歐元鈔票，然後請他們離開診所，並交代：「用這些錢買點好東西給自己！但是不能買有用的東西！不能用在工作上、也不能買給另一半、孩子或其他人，只能買會讓自己開心和有趣的東西，而且只能是開心和有趣。這個東西可以是沒有用的，不，甚至應該是沒有用的！你有半個小時時間！」這是每個青少年的夢想！有五十歐元可以隨便花，還不會被處罰！可惜我們不再是青少年了，大部分的患者都是快崩潰了才回到診所，身上還帶著五十歐元：「我想不出要買什麼！我不知道自己想要什麼！我根本沒有什麼願望！」

這些患者真正想表達的是：「我的人到底去哪裡了？」消失了，幾乎等同於死亡，至少內心深處是如此。因為失去了願望，就等於失去自我、失去自己的認同和靈魂。這是我們為了逃避靜默，最終付出的代價：我們失去了自己，甚至還沒意識到這一點。我們注意到自己變得焦躁不安，長期處於壓力之下，對於上司、工作、家庭總是感到不滿。我們以為只要有更高的薪水、更好的妻子或丈夫、更聽話的孩子，或者一間新房子，就能重新變得快樂。其實我們最需要的只有自己，我們找不到自我，因為我們早已迷失了很久。

噓……

只有在靜默中，才能找到自我。

你所在之處，就是世界。因此，用一句古老亞洲諺語的英文翻譯來說：「改變我，就是改變了我的世界。」世界其實並不存在，你就是世界。當你找到自己，這不是像一般找東西一樣的一次性事件：「喔，我的眼鏡在這裡。」每天我們必須多次找到自己，因為我們生活在外在世界中，而外在世界是為了分散我們的注意力而設計的。加拿大女歌手凱蒂蓮如此唱道：「我已經遠離自己太久了。我曾經擁有的任何感覺都快消失了。」

那些在喧囂的世界裡工作、生活、思考、長時間和自己脫節的人，很快就會失去自己那獨有、自主的情感，進而失去自我。我們不（僅僅）是自己的理智，同樣（也）是自己的情感。身分認同的核心是情感性的，而非認知性的。當我們感到快樂時，就會意識到這一點：快樂不是邏輯上的思考，而是一種美好的感覺。擁有這種感受時，就會覺得我完全屬於自己。

當你抱著一個新生兒時，就會全神貫注，而且很平靜。即使你發出「咕嚕咕嚕」的聲音逗小嬰兒，內心的世界也是平靜的。世界彷彿靜止了，因為世界並不存在，它只是我們理智建構出來的產物。但是，就在你懷抱著溫暖的嬰兒、感受落日灑落在皮膚上的餘暉、用舌尖品嘗白蘭地的那一刻——你真正與自己同在，和靜默、世界合而為一。難怪我們會像魔鬼害怕聖水一樣，畏懼靜默！誰會願意和自己合而為一？你嗎？恭喜你！

這聽起來很奇怪，但有些人確實不適合尋求靜默，至少不應該在沒有「專業指導」的情況下進行，比如患有心理創傷的人。這些人的恐懼很合理，一旦他們靜下來，「正視自己的內心」，可怕的念頭就會如同怪物般襲來，想撕裂他們。在過去，戰爭、謀殺和自然災害被認為是引發心理創傷的原因。但現在，我覺得，每兩個人中就有一個人或多或少患有輕度到中度的心理創傷，這也是為什麼這麼多人服用安眠藥。這也正是麥可．傑克森去世的原因：他只能用麻醉藥物來麻痺自己的心理創傷。而這也意味著：

噓……

如果你覺得那些心魔過於強大，對靜默的恐懼也過於巨大：那就找教練來幫忙吧。

最好找一位擁有豐富的人生閱歷、沒有自以為是的態度、擁有心理學（而非心理治療）學歷或進修背景的人。一開始不一定非得找掛著「教練」招牌的人，你的好朋友、死黨、父母或另一半都可以，只要他們能真正幫助你面對內在的心魔。可惜，現代人很難做到這一點。因為在這個高度疏離的世界裡，人和人之間不再那麼有人情味。因此近年來電影院如此受到歡迎，就是因為人情的溫暖、相互理解和有建設性的對話，幾乎都只能在電影中找到。要進行創傷性的內心對話，其危險在於，那些可怕的念頭可能真的會壓垮我們。要認識到危險，才能避免危險：

噓……

有些人沒有認識的人可以傾訴，也不敢去找教練。對他們來說，內心對話的安全保密高於一切。在開始內心對話之前，如果有心理創傷的情況，最好先設置一條「安全索」。

但是，要經過協商！不要單方面決定。不然這樣就不再是對話，而是獨斷專行的獨白。例如：

「我真的很想談談這件事，但我很害怕。」

「你會害怕是有原因的，心裡已經積壓了好多東西。」

「如果你再讓我害怕，我馬上就會逃跑！」

「那你就別講了，膽小鬼。我等晚上再來折磨你。」

「我不想這樣，我想和你談談。但我不想讓這場對話壓垮我，我們可以一步一步來嗎？」

「當然可以，重要的是，我們能談談。」

「如果我受不了，怎麼辦？」

「那你就暫停休息一下，像平常一樣戴上耳機聽音樂吧——只要你答應我，我們很快就會繼續談這個話題。」

「好，我答應你。」

對自己要有耐心！

這樣的內心對話是一件很和諧的事情，不是嗎？但是請小心，別抱有過高的期望。如果一開始就能進行得這麼順利，那才奇怪呢。就像打網球一樣：一開始會打得很糟，感覺很不好，表現得很笨拙——怎麼辦呢？那就跟自己談談吧！就像你學到的：秉持善意和理解的態度。

「喔，天啊，我連跟自己講話都做不好！」

「是啊，很好笑，對吧？嘿！這沒什麼大不了的，別這麼誇張！你正在和我說話耶！這很棒啊！你過去從來不曾這樣做！我很高興。」

噓……

內心對話沒有好壞之分。只要你能和自己對話，就已經很好了。

保持對話！不管你表現得有多傻，把自己當成那個總是接納你、包容你、容忍你的理想伴侶。即使你說了再離譜的蠢話，這個伴侶也會說：「沒關係，沒什麼大不了的，你並沒有說錯什麼！繼續說吧，我很樂意聽你說。」我們不都希望擁有這樣一個伴侶嗎？是的，沒錯。現在你猜怎麼了：你已經擁有這樣的伴侶。那就是你自己。當我們能與自己對話，自給自足時，會發生什麼事？

魚為什麼需要腳踏車？

「魚為什麼需要腳踏車？」對於這個問題，有位伴侶諮商師嘆了一口氣：「這是我從未對任何一對伴侶說過的話：一個與自己相處融洽、懂得傾聽自己、察覺自己需求的人，其實並不需要一段感情！當然他們也可以選擇保有一段感情，從中獲益，並讓伴侶也感到快樂。但他們並不像癮君子離不開針筒那樣需要這段感情。沒有這段感情，他們也可以過得很好。或許他們不想如此，但他們完全有能力做到，因為能與自己相處融洽、好好照顧自己、與自己和諧共處，也因為他有自己就夠了。」正如歌德所說的：「**最高的幸福就是人格，也就是與自己合而為一。**」如果我們不與自己對話，又如何能與自己合而為一呢？

什麼樣的感情最幸福？

順便一提：研究顯示，那些即使沒有對方也能過得不錯的伴侶，往往擁有最幸福、最長久的感情。這些研究鮮為人知，甚至許多心理學家對此一無所知，因為它和我們文明的主流觀念相悖：羅密歐與茱麗葉。浪漫的理想支配了我們的感情：「沒有你，我就活不下去！」如果她死了，他也要自我了斷。聽聽看，當那些抒情歌手如碧昂絲、蕾哈娜、卡本戴爾（Howard Carpendale）或安立奎（Enrique Iglesias）唱著情歌時：「你是我的一切。沒有你，我無法存在！如果你走了，我的生命就結束了！」什麼？這也叫浪漫？真是病得不輕，根本是受害者的喃喃自語。有些人需要另一個人就像需要毒品一樣，這是一種成癮、依賴，是一種幼稚的不獨立。

我也喜歡欣賞身材健美的男人，但如果他不回應我的微笑，我不會跑去借酒澆愁！我不會因此感到自己渺小或不受歡迎！好吧，說實話，會有一點點這種感覺啦，但接著我會告訴自己：「嘿，看看妳自己！妳長得很漂亮，氣質很好，也很滿意自己——到底誰會需要一個帥哥啦？」我會這樣對自己說。因為我會跟自己說話，也對自己的自尊負責。因為我最了解自己，最能評估自己、欣賞自己，也最能鼓勵自己。但假如情況相反呢？

假如我的自尊心真的要仰賴一個帥哥的微笑、要仰賴上司的認同、同事的好意、孩子的聽話……那會如何？那我就太依賴了。上司對我很好，我就過得很好；如果他心情不好，我就過得很糟。我就不再是一個獨立的人了，而是一個共生體——我的宿主過得好，我就好；如果我的宿主死了，我也跟著死。但我又不是苔蘚或鯨魚肚子裡的寄生蟲！我是一個人，天生擁有自由意志，注定要實現自我，而且我也會自己去完成。上司誇我，我很高興；但如果他不誇，我也一樣過得很好，因為我可以自己誇讚自己：「給自己一個鼓勵吧，寶貝！這是唯一的生活方式。」

我有位很要好的女性朋友特別能做到這一點。有天，她戴著一條美麗的珍珠項鍊來找我時，我馬上問她是不是男朋友送的，她眼中帶著責備地望著我說：「為什麼我需要一個男朋友才能這樣做？我自己就能讓自己開心啊！」

和自己和諧共處

當壓力特別大的時候，很多人會說：「我真的需要休息一下，我已經開始期待下班了！」或者期待週末、假期，甚至是退休。為什麼要等這麼久呢？有時看到德國健保公司提供的「抗壓祕訣」時，我會對通篇的無知感到訝異，比如他們會建議：「如果上司讓你感到壓力，去上瑜伽吧。」他們居然把它叫做「壓力管理」。這完全錯了，零分重考。壓力管理是指當壓力發生時，就立刻處理它。如果等到下班才處理，那我是在慢性自殺。因為如果上司在早上讓我生氣，我血液中的壓力荷爾蒙可能會破壞自己身體長達八小時，一直到下一次瑜伽課！這就是為什麼叫健保公司（Krankenkasse）①，因為只有當客戶生病時，他們才有生意做啦。什麼時候我們最需要壓力管理？大約傍晚八點嗎？不，是老闆對我們大吼大叫的那一刻。接下來：

爲急性壓力情境開發出一套放鬆儀式。

從一數到十是一個古老的方法，對你有效嗎？試試看！挺直脊椎？深呼吸？想像一下上司穿著內褲的樣子？試試看！同時要不斷回到內心對話，因為這是壓力的特徵：內心對話會消失，只剩一百二十分貝的恐慌獨白。試著回應那些湧入你腦中的念頭，來戰勝這個獨白，如同上面示範的那樣：

「他怎麼可以這樣！他怎麼可以這樣對我！太可怕了！這簡直是不公平！我覺得好難受！」

「好了好了，我知道這讓人壓力很大，但為什麼？為什麼你要讓他對你的感受有這麼大的影響力？」

「但這真的很過分啊，他太過分了！」

「好吧，如果歐巴馬說你是個廢物，你也會這麼生氣嗎？」

「不會，當然不會，歐巴馬跟我有什麼關係？」

「那為什麼上司就跟你比較有關係呢？」

「因為他付我薪水啊！」

「那你覺得他會因為現在罵你，就不給你薪水嗎？」

「你是說我反應過度？」

「對啊，有可能吧。不是嗎？」

「可是說真的，他剛才真的很過分。」

「沒錯，那傢伙真是個混蛋，我能理解你為什麼生氣。但拜託不要以為我們面臨生死關頭，沒有那回事。」

「謝謝，這讓我感到安慰。」

「不客氣，很高興能幫上忙。」

如果我們能如此細心且尊重地對待自己，該有多好？當然在壓力情況下，內心的對話很少能如此有條有理。因為這次歌德說錯了：**「啊！我的胸中住著兩個靈魂。」**只有兩個？滾吧，歌德！即使不處於壓力的情況下，也常常不只兩個。就像德國暢銷

---

①譯注：德文的健保公司（Krankenkasse），直譯成中文是「疾病繳費處」，作者此處是雙關語。

書《我是誰》的原文書名：「Wer bin ich und wenn ja, wie viele?」（我是誰？如果知道我是誰，那有幾個我？）

噓……

有很多個我，讓所有的我一起來談談吧。

僅僅這一點就能讓人感到放鬆和平靜，因為它占據了我們所有的注意力，讓我們去感知、辨識並掌控自己內心眾多的部分。梅克分享說：「每年都一樣！我們總是為了假期計畫吵架！他想去海邊，我想去山上。但內心那個乖女兒的我不想和他吵架；那個好奇寶寶的我想嘗試些不同的；另一個激進分子的我則根本不想和他一起去度假；懶惰鬼的我只想在陽台上躺兩週，享受沒有旅行壓力的世界。」這聽起來是不是快發瘋了？其實不然。

「瘋狂」是指：與我們自己的疏離。當我們無視自己的部分人格，或是無法辨識內心的諸多聲音，這種情況才會發生。這時我們會感到困惑和壓力，並說出像：「一方面我想和他去海邊，但另一方面我又討厭這樣，我到底該怎麼辦？」之類的話。先跟自己好好聊聊吧！而且要具體描述：

噓……

內心對話通常是多方對話：試著去辨識，並向內心每一個不同聲音打招呼。

就像梅克那樣：「乖女兒、好奇寶寶、激進分子……」內心的聲音透過這種方式，意識到自己被關注，於是它們會以更具建設性的方式參與進來——因為它們之所以發聲，就是為了被注意，並貢獻一份力量，所以讓它們表現出來吧。

噓……

在內心的多方對話中，你根本不需要做任何特別的事情。這種對話會自然而然地發展起來，就像任何有理性的人之間的對話一樣。所以順著這個對話走吧。

即使內心的聲音在胡說八道，你也要繼續順著對話走！然後問問自己，這些胡說八道背後的深層意義是什麼。請不要把內心對話誤認為是一種技巧，它是一種生活態度——一種能帶領人直指最高幸福的態度：也就是與自己合而為一。那些能與自己內心和諧共處、內心平靜的人，散發出無與倫比的從容、自信、安全感和內心的愉悅。他們是怎麼做到的？我也經常被問到：「要怎麼樣才能變得這麼從容自信？」但這是一個錯誤的問題。

我可以努力變得從容自信，並透過嚴格的自律、自我約束和自我暗示，或許能取得一些不錯的進展。但我永遠無法達到自己夢寐以求的那種深度從容和高度自信。就像愛因斯坦說的：**「用製造複雜問題的思考層次去想，根本無法想出解決那些問題的辦法。」**真正的從容並不是透過訓練從容就能達成。一味尋找自己，也無法找到真正的自我。我必須跳脫這個目標層次，就像達賴喇嘛一樣。

或者如果這個例子不適合你，也可以看看任何頂尖運動員。為什麼他們在極度高壓下，有時還能保持冷靜和沉著？在德國足球名將和名教練魯迪・佛勒（Rudi Völler）踢進關鍵一球之後，有人問他這個問題，佛勒一開始顯得有點困惑，似乎想問：「為什麼我這樣子你們會不懂？」然後他聳了聳肩：「我只是告訴自己，這個球你一定要進。」記者們都笑了，因為他們認為這只是一句俏皮話，但其實這是一個祕訣。當記者問達賴喇嘛，他如何能不帶仇恨地談論殺害他同胞的人、甚至能與他們對話時，他回答：「當然，我也會感受到仇恨湧上心頭。但每次我都告訴自己：這些獨裁者只是還沒有認識到他們行為的悲劇性。」

魯迪・佛勒和達賴喇嘛有什麼共同點？他們和所有能保持內心暫時平靜、並從這種寧靜本位中迸發出驚人成就的人，又有什麼共同之處？答案其實他們兩人都已經透露。魯迪說：「我只是告訴自己……」達賴喇嘛說：「每次我都告訴自己……」所以結論是：

噓……

不動如山的從容和眞正的自信，都是內心對話的「副產物」。

從這點我們也可以看出，那些從容又自信的人，並不像那些追求這種品格的人一樣，把從容自信看得如此重要，因為從容和自信只不過是愉快的副產物。主要的好處和目標是：與自己對話，持續下去，無時無刻。這樣會發生什麼事呢？持續進行內心對話的人，永遠不會感到孤單，總是充滿動力、滿足，而且快樂。因為他們總是和自己真正的（而非後天養成的）欲望、動機、興趣、觀點、需求、情感和身體感受維持直接的連結。這種效果是相當驚人的。

海明威還知道的事

這就是海明威所說的：「人可以被毀滅，但不能被打敗。」文學界本身應該對這句話有更深的理解，但長期以來竟然也把它視為一個頑固硬漢的典型大男人主義宣言。海明威確實是個十足的大男人主義者，但是他——或許你已經猜到——還有許多面向。他也是一個極其敏感的人，否則他就無法寫出那些作品。大男人主義者寫不出像《老人與海》這樣的書，讓成年男子看了都淚流滿面。海明威就像在他之前的杜斯妥也夫斯基，以及其他偉大的文學家、哲學家一樣，洞悉了最根本的真理——人的本質：一個與自己相處融洽的人是不可戰勝、不可傷害、不可侵犯的。因為即使發生最糟糕的事，即使他的財產、健康、甚至生命都被奪走——但在他死亡的那一刻，依然擁有一些連殺害他的人和世界上大多數人都沒有的東西：他本人。這是唯一無法遭剝奪、無法被摧毀的財富。擁有自己的人，就擁有了一切。

坦白說，這是一段小小的高等哲學之旅，但是哲學有時候比我們想像的更貼近生活。就像我有一個老朋友，他原本在一家設備製造公司擔任部門主管，後來在上一場全球經濟危機時丟了工作。但與一般管理者不同的是，他並沒有把失業看成是身分的喪失或人格的貶損，他說：「好吧，這確實很痛苦，但我正值壯年，還有很多計畫，累積了豐富經驗，也克服過許多危機。」他的意思是：別人可以奪走他的一切，但他依然擁有自己，這一點是誰也奪不走的。他從自身出發創造世界，日日更新，因為他擁有自己、因為他忠於自己；因為他每天與許多人對話，但對話最多的還是自己。

靜默中的運動

晨跑時碰到戴著耳機的人，我就會感到惋惜：可憐的傢伙啊，就連跑步都不能忍受片刻的靜默！他們錯過多少東西啊！我發現有件事很棒：在跑步時，我的思緒能平靜下來，變得井然有序，充滿意義、帶來平靜、變得平和、活躍，而且充滿創造力。不再是折磨自己，而是幫助自己：

噓……

運動有助於平靜下來。

運動有助於找到靜默，讓你重新找回自己。但要小心：並不是每一種運動都有幫助。我認識一些人，他們在慢跑、散步或健行時，大腦反而會不斷運轉，陷入無止盡的迴圈。但是有些人在踢足球或打網球時，卻更能放鬆身心，達到內心平靜。這就是為什麼上了年紀的男人那麼喜歡踢足球：這不是為了健身，恰恰相反，它老早就跟健康扯不上關係了。但是它能有效將思緒從壓力和日常煩惱中抽離出來。所以明智地選擇自己的運動方式！而且不要低估它的效果！

用肌肉來放鬆心靈

法國的物理治療師丹尼斯．博伊斯（Danis Bois）曾在醫學界引起一陣轟動。因為他用運動來治療病人，讓一位瀕臨崩潰的企業董事「康復」了，方法是讓對方的手臂不停繞圈圈。這可不是開玩笑：內心的不安，會傳遞到外在的動作和肌肉張力上。迷失自我的人，行動會顯得急促、緊繃。博伊斯緩解了這種逐漸增加的肌肉張力，讓人不僅能恢復自然的動作，還可以找回自己。人體就是這樣的構造：身體是心靈的鏡子，反之亦然。

丹尼斯．博伊斯並不是唯一發現這個觀點的人。在德國，鮑德溫．維爾梅倫（Boudewijn Vermeulen）是身體導向的教練權威。而身心整合重建教育系統「費登奎斯方法」的創始人摩謝．費登奎斯（Moshe Feldenkrais），早在十幾年前就發現運動對心靈整合的重要性，還有冥想走路和跑步。

平靜比購物更美好

最近我參加了一個靜修營，親身體驗到運動帶來的舒緩和整合效果。講師請我們緩慢地在房間裡走動，同時有意識地感受每個動作。一開始我心想：「這個練習也太蠢了吧！」當時我的腦海裡還充滿了雜音。後來我發現自己走得太快，根本無法感受到每個動作。於是我放慢速度，像月球上的太空人一樣行走，但我仍然覺得自己走得太快。我感受到一股煎熬，覺得即使花一整個小時走完一步，我依然無法完整地追蹤、欣賞和享受自己身體中那令人驚嘆的細微動作。

後來突然間，我發現，自己已經很長一段時間沒有思考了——不是我們平常那樣的思考。而是我的心靈隨著身體，專注於「存在」的中心，並且變得平靜。我再也不想停止這種狀態了，實在太放鬆了！同時又更加生氣勃勃。我感受到了很多東西，覺得自己生龍活虎，比任何消費體驗都有活力。

我有時會回到這種寧靜中。有時候當我特別忙碌、快要迷失自己時，就會放慢動作。我會極其緩慢地伸手去拿滑鼠、拿起原子筆、慢慢打開行事曆。沒有人注意到這些，因為這個動作是如此微小。但效果馬上立竿見影。我的身體會平靜下來，接著是心靈，然後靜默出現了。那種靜默蘊含著人類存在的所有原始力量。這正是重點所在：在忙碌中找到平靜和靜默。

技巧摘要：尋求靜默，找回自我！

✔ 靜默令人恐懼，但有時我們應該刻意尋求它。

✔ 只有在靜默中，你才能認識生命中最重要的人：自己。

✔ 只有在靜默中，我們才能找到世界的意義、最大的動力，以及沉著和自信。

✔ 通往自我的最快方式就是內心對話，與自己多個人格面向進行對話。這種對話也能減輕我們對於靜默的恐懼。

✔ 訓練你的內心對話，學習以好奇、不帶指責、開放與尊重的態度，與自己對話。就像一個自己最好的朋友（即使不存在、也無法存在）和你說話一樣。與自己對話——然後在這個過程中，體會到最驚奇的感受。

✔ 透過運動找到通往靜默的道路。

5

尷尬的沉默

你不覺得很煩嗎？就是尷尬的沉默啊。

——*鄔瑪‧舒曼對約翰‧屈伏塔的台詞，電影《黑色追緝令》*

言語是銀，沉默是金

這又是一句人人贊同、卻鮮少有人遵循的諺語。沉默應該是黃金嗎？或許在諺語裡是如此。但在現實生活中，沉默並不像黃金那麼珍貴。沉默更像本章引言中鄔瑪·舒曼所形容的：令人尷尬。這也是我們這個時代會如此喧囂和滔滔不絕的原因之一：我們不怕死，也不怕惡魔，唯獨害怕沉默。因為什麼都不說，實在太尷尬了。

我馬上就能想到很多令人感到尷尬的場合：酒會、和老朋友聚會、偶遇，以及某些交談，比如在門口或走廊、火車站或機場、孩子上床後、會議開始前、在電梯、超市、車庫前……我甚至可以一直列舉下去，直到明天早上。這些場合我們之所以交談，只是為了想掩蓋不講話就會出現的尷尬沉默。在這種情況下，說話並不是為了傳遞訊息或推進某件事，就純粹為了製造出一些聲音，以免自己受到沉默折磨。

當然，我們可以不在乎為什麼人們會說話或沉默，也可以不關心為什麼他們尷尬的原因是沉默，而不是那些許多人每天八小時都要面對的無聊話。但是這種聯想、這種意義的賦予，向我們透露了很多關於自己、自身文化、自己的精神狀態等的訊息。為什麼大家會覺得在對話中沉默很尷尬呢？

Try!

什麼情況會讓你感到尷尬？是對方保持沉默？還是你想不到任何話題來維持對話進行？爲什麼？你在這種情況下有什麼感受？這些感受的背後又隱藏哪些假設？你認爲對方在想什麼，有什麼企圖，才會讓你產生這樣的感受？在你感受到尷尬的背後，又有哪些強制因素在驅使著自己？

當人到達了一定的心智成熟度，就不免會偶爾這樣想：「我年紀都這麼大了，居然還在做……為什麼呢？」所以，不妨換個角度來練習。

Try!

什麼時候你不會覺得，自己和別人之間的沉默很尷尬？你喜歡和哪些人一起保持沉默？什麼時候？有多頻繁？爲什麼？爲什麼你不覺得這樣的沉默很尷尬？是因爲對方？情境？還是你自己？在這種共同經歷的沉默中，你感受到什麼？是一種感覺？還是多種感覺？你如何形容這些感覺的品質？

確實，問題很多。有些人會因此感到緊張，為什麼呢？這些只不過是話語、問題而已，又不是打人，我甚至連碰都碰不到你，但這些問題可能還是會讓你感到痛苦。為什麼呢？又是一個愚蠢的問題。這個問題的答案可能是一個悖論：

不喜歡問題的人，可能也不喜歡問題必然會引發反思的沉默。

現代人常說：「別讓我思考！」不要問問題！不要靜默！更不要去想事情！我們之所以會覺得「尷尬的沉默」很尷尬，並不是因為害怕沉默，而是害怕在沉默中浮現的念頭——或是害怕什麼念頭都沒有。正如一位主管曾說過：「我已經在這裡坐五分鐘了，一直保持沉默——什麼也沒出現。總該有點什麼吧？我到底怎麼了？為什麼什麼都沒有？」這不是尷尬，這是恐懼。而且這是錯誤的結論，因為比起恐懼，學習更好。我們可以從自己的沉默當中，學習到很多關於自己的事。比方說，提雅有時會將早餐咖啡桌旁感受到的尷尬沉默，當成一種契機，讓以下的念頭自然而然在沉默中浮現出來：

「為什麼我無法忍受老公默默坐在咖啡桌旁？是不是像我懷疑的那樣，他已經不愛我了？還是說，這只是我的自卑情結在作祟？奇怪的是，結婚二十年，我事業有成，但私底下依然如此自卑。為什麼要期待一個男人來療癒我的自卑？我自己也可以做到這一點，至少可以試試看，女人要靠自己。我是否對於一個簡單的沉默想太多了？特別是因為他平常對我和我們的關係都很用心；而且我是不是常常會做出一些負面的猜測，破壞了我們的關係，而我卻渾然不覺呢？其實當他坐在咖啡桌旁沉默時，並不會總是讓我生氣，只有在我心情不好時，才會特別在意。為什麼我們之間的沉默，他卻一點都不會覺得尷尬或不舒服呢？是不是所有男人都如此？還是只有我老公這樣？如果連這個都不知道，那我通常對男人，尤其是對我老公，又知道多少呢？」

是不是很有趣？這樣一個看似尷尬的沉默，竟然能引發這麼多的觀點。突然間，提雅對於咖啡桌旁的沉默不再感到尷尬了——因為她的念頭正以有建設性的方式轉著，而不是像以前那樣，用強制性、破壞性的方式尋找新的話題。當然，提雅是非常聰明、非常成熟、善於反思的人，她絕對能做到這一點。但撇開提雅的反思能力，一杯咖啡伴隨著沉默，能蘊含多深邃的內涵啊！而打破這種沉默，又會帶來什麼毀滅性的影響？正如德國喜劇演員洛里奧特（Loriot）所說：

「為什麼你這麼安靜？你不喜歡我了嗎？」

「這裡不能安靜五分鐘想點事情嗎？難不成安靜就會被『咖啡桌糾察員』盯上？我在想工作的事……」

「你就是這樣！我們坐在一起可以聊很多事，你卻只想到工作！你根本就不關心我的工作！你以為家裡的事自動就會有人做嗎？除了自己，你還會想到別人嗎？」

唉，她要是乾脆不說話就好了，言語是銀……

可以理解，為什麼（有些）結婚多年的夫妻，隨著時間一久就越來越常沉默，也越來越喜歡沉默。至少他們可以避免那些常見的爭吵。那些被婚姻諮商師和溝通學專家視為缺點的沉默，對這些夫妻來說反而是祝福。當然，婚姻關係意味著溝通，婚姻關係需要溝通。但如果一溝通就吵架，那沉默也許是一個更好的選擇。

想避免尷尬的沉默，其實並非不好。眞正糟糕的，往往是試圖想避免沉默的方式。

表演者不會沉默

在每個行人徒步區，我都會碰到一些家長——特別是爸爸，他們會不停對著牽在手裡的小孩子說話：「你看到那個小丑了嗎？鼻子紅紅的，是不是很可愛？想不想吃冰？你看，那裡就有冰淇淋店。等一下我們可以去看電影，還是去玩具店好不好？」就這樣，持續不斷地說上好幾分鐘。我常常為那個孩子感到難過，在這種持續噪音的

自我表現不能取代身分認同！

轟炸下，恐怕連聾子都會受不了吧。為什麼父母要這樣對待自己的孩子？為什麼我們要不斷對店裡的顧客和家裡的訪客講話？當然是因為我們覺得沉默很尷尬，但這又是為什麼呢？

只要留意一下人們是如何填補即將到來的沉默，你就會產生這樣的疑問：他們說話，只是為了表現自己，而這些人就是自我表現者。對他們來說，溝通的首要目的，就是在舞台上展現自己（請參照第3章：我說，故我在）。沉默對他們來說意味著：我會再次陷入無足輕重的狀態。如果不展現自己，我就不存在！滔滔不絕是為了防止自我發現的防禦行為。那位在行人徒步區對著小孩滔滔不絕的爸爸，可能在潛意識中這麼想：「如果不一直說話，那我就是一個壞爸爸。」這樣的想法，即使是潛意識，也是一種人類的悲劇。行為能取代態度嗎？也就是說，只要我乖乖每年給我的小孩送上生日禮物，並且不斷對他說話，那我就是一個好爸爸？難道不是因為我愛自己的孩子，希望他一切都好、尊重他天真又幼稚的願望、並且承諾永遠要讓他幸福嗎？這是一個有趣的發現：

害怕「尷尬沉默」的人，可能只是害怕暴露了自己內心的冷漠無情。

主人一定要招呼客人嗎？

人會害怕沉默的一個更普遍原因是，許多人深感自己有義務要去招呼他人。特別是主人，這種責任感會更加強烈。當然大家聚在一起，並不是為了無言以對，客人總是期待受人款待。然而，女性尤其有時會過度誇大這種主人的角色。這也是部門裡的男性經常喜歡在午餐時聚在一起的主要原因之一：「那些女人講個不停！真讓人倒盡胃口！」這並不是女性愛東家長西家短，而是因為她們認為，在餐桌上必須進行得體的對話。她們很少意識到，很多人只是想安靜吃個飯。她們沒有認清自己那個被內化的招呼他人責任，因此也不會去質疑。她們就像被設定好的程式，卻不自知。

親愛的，你在想什麼？

既然討論到女性，那麼我們可以觀察到：另一半的沉默會讓許多女性感到憤怒。到底是為什麼呢？我猜這是因為女性無法得知對方在想什麼。講話是如此地直白：我們馬上就能知道對方在想什麼（或者是我們這樣認為）。但如果另一半沉默不語：他到底在想什麼呢？是在想我嗎？他對我有什麼看法？還是在想其他事情？也許是另一個女人？這就是為什麼女性經常會問：「親愛的，你在想什麼？」這會讓男人覺得很煩。

其實男人也有責任，因為他讓另一半覺得沉默就等於尷尬。「心肝寶貝，我愛妳一如最初。現在正在盡情享用這頓晚餐。所以我暫時不想說話，請妳見諒，因為妳煮的燉飯實在太好吃了。」當然這太誇張了，世界上沒有男人會這樣說話（如果有，請給我他的電話號碼）。但這清楚說明：一個能向另一半保證自己愛意和關心的男人，

人會渴望獲得關注

就不會再害怕聽到「親愛的，你在想什麼？」因為這個問題根本不會出現。

如果你沒有這樣的另一半，那我奉勸你，不要試圖迴避尷尬的沉默。「你在想什麼？」本身就是一種無助的迴避。更聰明、更誠實、也更能維護關係的方法是直接表達：「我覺得現在安靜到有點壓抑。」這樣一來，對方就有機會說他一切都很好；或者會解釋一下，他是賭氣不說話，還是單純不想說話。

許多人說話只是為了吸引注意。在小孩身上這點很明顯：「媽媽，你看！」在大人身上雖然沒那麼明顯，但大多數時候，他們說話也不是為了傳遞訊息，而是為了獲得關注。一旦出現「尷尬的沉默」，我就得不到關注了！所以為了對抗尷尬的沉默，我會想辦法填滿它，藉此爭取關注。這就像是「釣魚式」地尋求關注，可惜的是，大家通常一眼就能看穿。正如歌德所說，別人一旦察覺到你的意圖，就會感到不悅。這樣一來，情況就會變得更尷尬了。

小結論：大多數會讓人覺得尷尬的沉默，其實根本無傷大雅。它更能反映的是感到尷尬的那個人，而不是沉默本身。如果我們覺得某段沉默很尷尬，問題不在於沉默本身，而是我們對於沉默的反應。

不要害怕寒暄和演講！

大多數人都不是真的擅長寒暄，他們也都有自知之明。因此他們害怕參加酒會、開幕式等社交場合，尤其是在工作場合，被派去和商業夥伴或客戶進行寒暄時。如果你知道有多少人是因為無法進行寒暄而參加輔導，一定會感到驚訝！他們會覺得這非常尷尬，尤其管理者往往更為苦惱，有時甚至比拿不到年終獎金的情況還要嚴重……

當大家都在愉快聊天時，他們卻站在一旁，感覺被排斥在外——這已經夠糟了，但更糟的是，他們腦海中不停迴盪這樣一句話：「不要像死魚一樣站在那裡，你總得說點什麼吧！不然大家會認為你只會埋頭工作，是個書呆子！」這種焦慮可以理解，但完全是多餘的，而且很容易克服：

我至少應該說點什麼吧！

噓……

不要不懂裝懂，然後大放厥詞。
你插嘴只會引起反效果，讓自己顯得愛抬槓。耐心等待屬於自己的時機。

這個時機總會到來，那就是你能參與討論的時候。舉個例子：我有一位朋友是物理學家，他參加一場學術研討會。他太太想趁機逛逛那個城市，就一同前往了。晚上有一個物理學家的酒會，她穿著小黑裙陪同出席。這可真是錯誤的決定！現場全是書呆子、怪咖、IT狂人，當然還有——物理學家。他們討論著分形、夸克和場論。這位物理學家的太太站在一旁，短短十分鐘就覺得自己蠢到了極點，完全格格不入。

直到有一位研究人員將實驗過程比喻成洗衣袋：「不管你手伸進去多少次，總會抓到另一隻襪子。」物理學家的太太忍不住笑了出來。講話的人問她是否也從事核子研究，她回答：「根本不是，我只是以家屬的身分來到這裡。不過我覺得你把實驗比喻成洗衣袋的說法非常生動。要是整個物理學都能這樣淺顯易懂就好了！」

僅僅這句簡短、天真又誠懇的話，就足以打破對她來說尷尬的沉默，至少持續十分鐘，因為在場所有人都覺得她的說法既迷人又措辭得當（聰明人只要誠實，就能達到這種效果）。過了十分鐘，他們可能又會聊到一些她能聽懂、也能發表意見的話題。不過這已經不重要了，這些物理學家突然變得活躍起來，因為他們發現，自己的同行能成功地吸引這位漂亮外行人的注意，自然每個人都迫不及待地想證明，自己同樣也能把物理學講得生動有趣。這是一個愉快的夜晚，唯一不爽的是她的丈夫，因為妻子突然成為眾人矚目的焦點……不過另一方面，有個能聊物理的老婆，這又讓他感到非常驕傲。

噓……

你永遠不需要獨自撐起整場寒暄，偶爾插幾句話就夠了。只要耐心等待屬於你的時機，那個時機一定會到來。

即便你是主人，需要暫時獨自承擔起寒暄的責任，比如開場破冰，但你也不必講太多話。

噓……

最好的寒暄方式是讓別人多說，你只要簡單問一些他們喜歡的話題。

不，你不需要很懂這些話題。你可以說：「貴賓您好，我對質譜分析一竅不通，但您講得實在太有趣了（就算撒個小謊也沒關係），請跟我多說一些吧！」而且別跟我說這個話題無聊透頂。這的確很無聊，可是一旦你決定認真對這個無聊話題產生興趣，它就不再是了，至少在你和對方相處的這二十分鐘裡，甚至這一整個晚上，它都一點也不無聊。

懷著這種心態，你就能放心地問出任何想問的蠢問題：「我剛剛說過，我在這方面是門外漢，你剛剛提到的東西我不太懂，但我又很想知道，所以剛剛那個……是怎麼一回事？」我敢說，沒有人會不把你當成一個優秀的聽眾、細心的主人和受歡迎的談話對象。你看，你其實並沒有說很多話！重點不在於說得多……

第二種令人尷尬的沉默，發生在簡報、演講或報告的對話時。當有人站起來問你一個問題，而你答不出來時，你站在那裡心想：「慘了，慘了，慘了，我完全不知道該怎麼回答！」如果這個時候你保持沉默，無論是在職業或社交的場合上，甚至在個人層面上，都是一場大災難。針對這種情況，我建議：

噓……

當你進行簡報或演講時，不要害怕會遇到無法回答的問題，反而應該預期會有這種情況發生。

或許不會有人提問，但如果有人提問，你已經有備而來，不會尷尬地沉默了。最好的準備就是想好一些誠實、簡短又直接的範例說詞。例如：

針對簡報的範例說詞

- 「這個問題問得很好，目前我還無法給你確切答案。等我回去查閱相關資料，明天再回覆你。」然後繼續簡報內容。
- 「你的問題很合理，不過跟我們今天的主題有點不太相關（如果適用的話）。如果你需要，我可以幫忙查詢相關資料。」
- 「我可以理解為什麼你會提出這個問題。遺憾的是，從今天討論的主題角度，這個問題可能有點偏，短時間之內我無法詳細回答你，真的很抱歉。」
- 「好問題，你有什麼建議嗎？如果有，我們可以把你的建議納入考量。」

•「感謝你的問題，我自己也想過這個問題。但經過一番研究，仍然未能找到令人滿意的答案。這個問題還沒有確定解答，有待進一步探討。」

Try!

當你正在做簡報的時候：你還能想到哪些說詞？如果有一個問題你回答不出來，你會怎麼說？

或許你也注意到了，在尷尬的沉默中，重要的不是你說的內容，而是你如何表達：要有自信，對自己和自己的能力充滿信心，這讓我們得出本章的一個重要觀點：

噓……

沉默只有在你覺得它尷尬時，才會變尷尬。沒有人可以強迫你在不願意的情況下，把沉默視爲尷尬。

以咖啡桌旁那個沉默的丈夫為例：他不覺得沉默很尷尬！「只有」他的妻子感到尷尬。所以尷尬與沉默無關，而是與個人有關。更確切地說，與個人的心態有關。只要心態正確，就不會有「尷尬的沉默」。

有一場董事會議陷入真正「尷尬的靜默」，一位財務長就說：「我們一起來祈禱：主啊，請啟發我們的客戶，不然這項大計畫就要泡湯了。」眾人哄堂大笑，打破了沉默。幽默和諷刺是打破冷場和沉默的好方法。

Try!

你會如何打破董事會議上的沉默？你能想到多少種方法？

以下幾種方法，可以化解尷尬的沉默：

- 評論沉默來化解尷尬：「我們誰也想不出辦法，這就說明了眼前的情況有多麼棘手。」
- 用一句話，將被動的沉默轉化為行動：「我們暫時想不出什麼好方法，要不要成立一個工作小組？」
- 用英雄式的動員來鼓舞士氣：「這樣下去可不行，我們怎麼可能想不出辦法！大家一起努力！我們一定會找到解答的！大家加油！」

這只是三個範例而已，多給我一點時間，我一定可以想出更多。記住：把沉默當成一件任務，你就會想到一些辦法，不過最好是聰明的點子。總之，沉默和智慧是相輔相成的。

用聰明的方式打破沉默

如果我們無法忍受沉默，至少應該試著用智慧來填補這段沉默。也就是說：要真誠、誠實、機智、友善、體貼、博學、有教養、表達清晰、能夠反思、富有同情心，甚至還可以帶點嘲諷、幽默和隱喻……

話題完全不重要，甚至連天氣都能成為話題。但別說什麼：「今天天氣真好，不是嗎？」這是一句做作又不誠懇的陳腔濫調，我們有更好的說法。舉例來說，在陽光明媚的日子裡，我們和一個朋友一起在城市裡散步。他已經默默且心不在焉地在我身邊走了好幾分鐘，最後才意識到我們之間「尷尬」的沉默，於是想找個話題來填補空白：「我討厭好天氣！這讓我總是覺得自己一定要出門做些什麼，但其實我更喜歡宅在電腦前！就算陽光明媚的日子也是如此！」他這番幽默的自我調侃，讓我忍不住笑了，沉默被打破。我們聊了一會兒，談到現代人如果想「跟上潮流」，在陽光明媚的日子應該做什麼：穿著露肚臍的衣服、坐在街頭咖啡館、戴著酷炫的太陽眼鏡、開著敞篷車兜風、做日光浴、在啤酒園喝啤酒、吃冰淇淋……

噓……

用溝通來填補被認爲尷尬的沉默並沒有問題。但如果這樣的溝通顯得做作、僵硬，每個人都能察覺當中的虛情假意，反而更尷尬。

填補沉默的進階技巧：真誠的感興趣

有些人會講笑話來打破沉默，像是問：「你們有沒有聽過這個？」如果有人很會講笑話，這招就能奏效。如果不會，那就更尷尬了。另一種打破尷尬沉默的好方法，就是問起共同認識的人行蹤和近況如何：「那個×××最近在忙什麼？」通常大家都會想到一些事來回應，就算只是說：「嗯，我也不是很清楚。對耶，好久沒有他的消息了。我最後一次聽到他的消息是……」

有一次我們一群人搭火車，途中突然陷入靜默。這時一位生意夥伴問：「雖然這聽起來有點老套，但我一直很好奇，你們是怎麼兼顧工作和照顧孩子的？」這個問題本身聽起來實在老套到不行，但從他的表情和肢體動作，我看得出他是認真的，而他的這份興趣讓我受寵若驚，這也促成一段很精采的對話。真誠的感興趣依然是最好的溝通工具，這也是為什麼許多人覺得沉默難以忍受：不是沉默本身難以忍受，而是發現我們和對方的興趣沒有（不再有）交集，也不想發展出交集。那我們究竟和對方還有什麼關聯？這個想法實在讓人不舒服，所以寧願隨意亂說，哪怕會顯得更尷尬，但也比面對這個難以忍受的念頭要好。我們每天到底要欺騙自己到什麼程度？

噓……

與其保持沉默，不如多給對方一些關注。

我知道，這很難。或許我們之所以會滔滔不絕、害怕「尷尬的沉默」，正是因為自己既沒有意願也沒有能力對別人表現出真正的關心、真誠的興趣和真心的理解。我們甚至連給對方一點關注都不願意，畢竟保持表面上的客套話更輕鬆。每次當這種滔滔不絕的表面客套被沉默打破時，我們就會想起自己變得多麼膚淺、冷漠和不關心……這一點讓人無法接受。

「你最近過得怎樣？」是打破沉默最聰明、也是最困難的一個問題，因為這需要真正的關心。如果對方回答：「喔，很好啊，你呢？」那你至少知道，可以繼續用一些無關痛癢的客套話來維持這種表面交流。但大多數人會趁這個機會，傾訴自己的煩惱和挫折。那麼，你就是在做一件好事——而不是用寒暄來填補所謂尷尬的沉默。再次強調，沉默需要以傾聽做為前提，我們不能只顧著向對方傾訴自己的煩惱。這表示，我們必須與自己達成某種程度的和解，能透過內省和反思來平息自己想表達的衝動。這是極高的要求，也解釋了為什麼很少有人能保持沉默——以及為什麼沉默如此珍貴。能傾聽自己，並且在心靈上幫助自己，是最大的福氣……

噓……

沉默也是一種溝通

其實，一個現代文明人會害怕「尷尬的沉默」，是很不可思議的事。一個聰明人要會應對任何形式的溝通，尤其是沉默。

沉默和報告、提問、評價一樣，都是一種溝通形式：我們應該有能力應對這種方式，而且本應能夠、也願意掌握自己這種與生俱來的語言工具，但我們往往不想。大多數人認為，只要會說話，就能溝通，但實際上他們往往做不到。或者你認識哪個人能用提問的方式引導對話嗎？能主動保持沉默？或是不帶指責地溝通？其實，問題不僅僅是我們無法應對沉默。我們還無法真正掌握其他與生俱來的語言工具，讓自己和他人感到愉悅。當然在沉默這一點上，確實比較困難。

在溝通訓練中，三明治回饋、第一人稱敘事法、不評判的批評通常都不會造成什麼問題，這些都是可以學習和訓練的工具。但沉默呢？大多數人甚至不認為它是一種溝通工具。在一個六步驟的重構技巧中，我至少可以學習和練習所有六個步驟。但沉默要怎麼學習和練習？這同時太簡單又太困難了。因此在溝通研討會中，常常沒有沉默，我自己也不例外：當一個調皮的學員半開玩笑地要我示範一下沉默，我有時也會感到不知所措。要怎麼示範沉默呢？在什麼樣的情境下？我很少會心血來潮，只因他一問我就立刻保持沉默，因為這樣做顯得突兀，而且不太符合當時的情境。但為了以身作則，我還是接受了這個挑戰，構想了一個合理的情境，而這正是關鍵所在：

噓……

如果我在某個情境下覺得沉默很尷尬，就會試著把沉默當成一個需要克服的挑戰。

這是一種應付所謂「尷尬的沉默」的聰明方式。尷尬的沉默並不尷尬！它是一項有趣的挑戰，一個聰明人可以輕鬆應對。

有一次我和助理在辛苦的訓練後回家時，我已經累得精疲力盡了，但還是意識到，我應該和員工講講話。一方面我們不可能一起坐了兩百公里的車都一言不發。另一方面，我已經努力工作了一整天，現在真的完全不行了。我當時想要找一個聰明的解決辦法來應對這個溝通困境，我就說：「我想聊聊今天的一些話題，但我真的沒力了——如果我在接下來一百公里都不講話，好讓自己休息一下，你會生氣嗎？」我的助理嘆了口氣說：「謝天謝地，我自己也累到不行，就算聊天氣，我也講不出什麼有營養的話！」

當然，事情未必都像這個例子一樣理想，但這常常會出乎意料地奏效，幾乎每次都能成功，因為人們大多數情況都是通情達理的。所謂「尷尬的沉默」在很大程度上只是一種迷思，更多的是恐懼，而非事實。而且大家什麼都能聊，甚至聊「尷尬的沉默」都可以。

如果雙方都願意，那就沒什麼好尷尬的。

噓……

有一種優雅的方式，能打破尷尬的靜默，那就是問對方感興趣的話題。

那些抱怨咖啡桌旁冷場的女性朋友，我會建議她們聊聊足球、F1賽車、經濟、（另一半的）興趣或工作等等——只要是另一半通常樂意談論的話題都可以，這種方法往往奏效。但我經常透過這種建議發現沉默的真正原因。而這個原因，相較於沉默本身，才是令人尷尬的。

噓……

當我們發現彼此之間無話可說時，隨之而來的沉默才真的很尷尬。

很多女性朋友在我給出建議時，會反駁說：「但我又不喜歡足球！」男性則常說：「我對時裝沒興趣！」就像我說的，這才是令人尷尬的地方：我抱怨另一半沉默不言，但我本身又不願意做出任何改變，反而期待對方來打破沉默。就像一個小公主，等待著王子喚醒的吻；又像是一個大爺，等待著後宮佳麗來服侍我，用言語服侍也是服侍。我自己能為溝通做些什麼嗎？但我才不要呢。關於對方的話題和另一半這個人本身，我根本就不感興趣。這又不是我的責任！我不需要管這些！我只要把對方留在身邊，讓對方滿足我的欲望就好了。真是令人驚訝，尷尬的沉默背後，居然隱藏著這麼多事，不是嗎？還有這個發現：

噓……

只有抱著受害者心態的人，才會爲「尷尬的沉默」感到困擾。積極、自信，對世界和說話對象抱持著興趣的人，根本不會有這樣的問題。

真正的尷尬：怯懦的沉默

我現在已經不覺得，「尷尬的沉默」出現在對話中是件丟臉的事。我也可以尊重對方：或許他現在就是想不到要說什麼；我甚至可以尊重自己：我可能也想不到要說什麼。要麼我就享受沉默——不然就把沉默當成話題：「沉默有時候還滿舒服的」。這樣的沉默我已經不覺得尷尬了。相比之下，我更討厭另一種沉默：怯懦的沉默。

因為怯懦而沉默

如果公司高層對企業內的弊端保持沉默，我會覺得這很丟臉。如果有同事被霸凌，卻沒有人敢出聲，我會覺得這對社會有害。如果女同事身上有體味，卻沒有人敢委婉地提醒，我會覺得這很尷尬。如果醫生建議動手術，卻對其他的治療方法隻字不提，我會覺得這很不負責任。如果媽媽煮了一頓很好吃的飯，卻沒有人說一句感謝的話，我會覺得這不可原諒。你覺得什麼樣的沉默最令你感到尷尬？

人類真是奇怪的群體：該沉默時，我們卻說話；該說話時，又保持沉默。我們覺得沉默很尷尬，儘管它完全不是這麼回事。當人們應該發聲，卻怯懦地保持沉默時，我們又不以為意。在這個美麗的藍色星球上，有很多事情都失序了，讓我們每天一點一點地把它糾正過來。當所謂尷尬的沉默出現時，讓我們改掉那種「糟了！」的反射性想法。當環境遭破壞、當有人受到不公正對待、或是當我們的孩子在學校被當成放牛班時，讓我們習慣開口說話。這會產生巨大影響：一方面世界會變得更加安靜，因為大家都覺得再也不需要用滔滔不絕來掩蓋「尷尬」的沉默。另一方面，當今那些常常被掩蓋的話題會擁有更強的聲量。聽起來是不是很棒？

美麗的新世界

這不就讓我們更接近一個美麗的新世界嗎？一個美好的世界，大家在正確的時候保持沉默、為正確的議題發聲？而我們甚至不需要付出巨大努力，只需要從容地接受那過去被認為是「尷尬」的沉默，並且對於正確的議題開口發聲。為了一個美麗的新世界，這種要求並不過分。你不覺得嗎？

技巧摘要：不再有尷尬的沉默！

✔ 當你經歷尷尬的沉默時，應該先問問自己，究竟是什麼原因才會讓自己把無害的沉默當成尷尬。這樣一來，你會發現自己其實可以更自在。

✔ 不要試著去參與自己無法參與的對話，保持沉默，等待一個合適的時機，再加入對話，這樣你就可以度過每一個「尷尬」的沉默。

✔ 每當感到尷尬的沉默時，我們不應該刻意掩飾，而是用有智慧的方式去化解：陳腔濫調無濟於事，誠實和機智才是解決之道。

✔ 真正尷尬的是，對錯誤的事情視而不見的怯懦式沉默。在這種情況下，我們應該直言不諱。

6

這裡你最好保持沉默

如果我能保持沉默，那為什麼要說話？

——斯文·維德基（Sven Vädji），設備製造公司的首席談判專家

講錯話的反應

說真的，你賺的夠用嗎？以你的能力，不是應該多拿一點嗎？你對老闆滿意嗎？

幸好你現在是在書中，要是在現實世界，你的反應可能會惹來麻煩，因為你剛才肯定已經準備好要回答了吧。在現實中，當我們被問問題時，大部分時候都會回答。這不是理所當然嗎？是沒錯，不過……

小心，陷阱問題！

噓……

有問必答，大部分時候是理所當然、禮尚往來，但通常也是未經過深思熟慮。

這是一種反射動作，可惜常常帶來負面效果。這種反射有時會讓我們悔不當初：唉，早知道我當時就該閉緊嘴巴！因為狡猾的操弄者、挑釁者和經驗豐富的談判專家，經常會利用這種反射動作，成功誘使人們做出不經大腦的回答。這也難怪會有「提問的人就是領導者」這句話——因為提問的人，往往可以牽著別人的鼻子走。每當你講錯話，都只是因為你回應得太快，之前沒有先保持沉默，好好思考一下。

回想一下最近幾天，你在什麼時候說了讓自己現在後悔的話？

其實我們講話，往往都是先脫口而出，回答的時候根本沒有想太多，而且這種情況遠比自己認為或願意承認的還要頻繁。

當被問到一個問題時，除了回答，更重要的是，能先保持沉默。

你同意這句話嗎？有誰會不同意呢？問題是：大多數同意這句話的人，都無法付諸實行。當我在研討會中提醒學員，他們在角色扮演中回答得太頻繁、太快時，他們通常會說：「但為什麼不行？我知道答案啊，為什麼不能說？」因為這多半是愚蠢的做法。光是知道問題的答案是不夠的。我們應該整理自己的回答，讓它淺顯易懂，又不會踩到地雷，同時又能達到目的。因此，你需要一些時間來思考，片刻沉默的時間，特別是在你一時想不出答案的時候！

這並不是說，你應該完全不回答問題。就像阿嬤曾經說過的：「三思而後言。」也就是說，先靜一靜，想一想，再回答。大家都以為，成年人尤其是高薪的管理者，應該都知道這一點。但其實大多數人都不知道——或是無法做到。這在專案管理中，尤其明顯。每年，在全球的專案管理領域中都有幾十億歐元白白損失掉了，過去大約一百年來，有八〇%的專案都未能達到預期目標：因為拖得太晚、太燒錢、品質過低，或者完全失敗。當然專案失敗有很多原因，其中一個最先出現的原因就是「踩地雷」式的反射。

專案會失敗，是因為專案經理無法保持沉默

委託方宣布了專案，給出了大致方向，然後問專案經理：「你能搞定嗎？」專案經理通常會回答：「呃、嗯、喔，基本上可以吧，應該是沒問題。」然後他就踩到地雷了。儘管所有專案管理研討會的資料和每本印刷出來的專案管理手冊都寫著，對於這種問題絕對不能、不可、不應該直接回答「可以」，而是應該先保持沉默，進行一個粗略的估算，然後再回答：「根據目前的預測，我們應該能達成大部分目標。請給我兩天時間，我會向你提出一份初步規畫。」但實際上，通常很少人會這麼說。結果專案一開始就陷入困境，不是因為財務或技術問題，而是因為專案經理無法保持沉默，先進行粗略的估算。

我們甚至不需要拿專案管理來說明這種現象，日常生活中也到處都是這種例子。想想看：大多數的爭執、衝突、關係破裂、誤會和尷尬，都是因為有人一時口快，說出了事後後悔的話，而且這些話對於事情毫無幫助。衝突會升級大多是因為說話，很少是由於沉默。

看到「普通人」能洞悉並拆解「踩地雷」式的反射，我總是感到驚訝和高興。比

如一名「普通」的上班族克莉斯汀告訴我：「如果我問最要好的朋友比雅，下午兩點能不能見個面，只要她立刻說『好』，我馬上就會起疑心。然後會先問她，在這之前還有什麼事要做，這樣我就知道，最快得等到三點才能見到她。」克莉斯汀很清楚，比雅往往管不住自己的嘴，會說出她當下想要的，而不是經由思考。所以克莉斯汀就會保持沉默，替她的摯友多想想。她雖然是個好朋友，但關鍵時刻就是無法閉緊嘴巴，而且不是只有她一個人這樣。

為什麼我們常常也管不住自己的嘴呢？是因為太笨，還是不夠自律？不，很多時候我們身不由己，因為中了別人的圈套了。

挑釁、暗示、操弄

我們生活在極度加速的時代，壓力已經滲透到我們的溝通當中。兩個人能「理性」且「正常」的交談，已經成為一種奢望。

小心，這是挑釁！

你上一次進行正常的對話是什麼時候？

通常的情況是，對話充滿潛在的指責、期待、控訴、操弄，甚至是公然的語言暴力溝通。總是（至少）有一個人，試圖向另一個人強加自己的意志。

最近有位同事去看家庭醫師，因為他在慢跑時膝蓋受了傷。醫師問他的第一個問題是：「流感？蜱蟲？小兒麻痺？白喉？肝炎？你的疫苗都打齊了嗎？」這位同事不禁脫口而出：「聽著，我的膝蓋痛得要命，你看我走路都一瘸一拐的，你還是去找別人推銷你的額外服務吧。」

他一講完就後悔了。不管這位「穿著醫師白袍的業務員」表現得有多麼不得體，但這位同事說了這句話之後，整個診療過程就不再和諧了。醫師的確有錯，他的行為既不專業、也不道德，甚至對於業績本身是有害的。但一個病人在關乎自身利益的問題上，必須能閉嘴。然而，這一天比一天更難了。如果一個醫師說話這麼不得體，誰都受不了。

到處都是潛藏的挑釁、暗示和操弄，如果你特別去注意，一定會想到很多例子。我經常讓研討會學員蒐集這類資料，以下就是一小部分挑釁言論和其相對應的評論：

- 「我們老闆每天至少一次，會對我們其中一個人說：『你當時到底在想什麼？』被點名的那個人當然立刻就想辯解。這很愚蠢，因為老闆就是在等這個機會，然後他就會一點一點地把對方的辯解批得體無完膚。這根本是一場早就設計好的局！」

- 「我太太偶爾會說：『你到底是怎麼想的？』每次我都很天真地表達想法，而不是閉嘴聽她的意見。其實她講這句話，就是在暗示她有自己的想法。」
- 「『你總是這樣！』聽到這句話，我經常會火冒三丈。還不如先閉上嘴巴，讓這句指責過去，然後輕鬆說一句：『對啊！我就是這樣嘛。』」
- 「另一句類似的話是：『怎麼會發生這種事？』然後團隊就會有人出來解釋，說明失誤原因，然後道歉。我通常會選擇保持沉默，因為一聽到這種明顯帶挑釁意味的問題，出聲回應的人，最後都被批得很慘，而同事總是一再中招。」

Try!

請多注意，使用哪些重複的說詞，就能引導哪些人做出哪些回應。

這項練習應該不斷在腦海中演練。久而久之，你會發現所謂的「招牌用語」，也就是有些人用來操弄別人的固定說法。這些話就是他們的招牌，甚至你可以拿來模仿他們。

我認識一名上班族，她有時會開玩笑，在全場鴉雀無聲中大喊：「來啊，各位，給點意見吧！」這時大家都會笑翻，因為每個人馬上就聽得出來這是部門主管經常說的話。主管表面上是在鼓勵大家發揮創意、多多合作。但實際上，只要有人提出建議，她就會長篇大論地解釋為什麼該建議完全不可行。讓人驚訝的是：儘管主管的這種作風已經行之有年，但在部門中，還是很少有人學會對這種操弄性的問題保持沉默。

Try!

上司經常用什麼方式引誘你說出不經大腦的話？請把這些話寫下來。對於同事、客戶、家人或其他人，也寫下這種招牌性的話。然後想像一下，你要如何對這些話做出正確反應。記住這些標準的回應方式，在腦海中不斷重複演練這些回應，直到它們在你腦海中「生根」。

大人的遊戲

這項練習特別有助於個人的人際關係，這點不用多說。不管是跟另一半、孩子、父母，還是鄰居和親戚之間，我們都會碰到一些千篇一律的對話和衝突，不是嗎？就像跳民俗舞蹈一樣，總是套用同樣的模式，一成不變。因此，溝通分析的創始人艾瑞克·伯恩（Eric Berne）將這些完全可以預測的情況稱為「大人的遊戲」。這些遊戲的每一步，從一開始就可以預測到。矛盾的是，想贏的唯一辦法就是不玩，最好的回應就是保持沉默（詳情請參照第1章）。

如何讓親屬關係變和睦

一名參加過研討會的女學員，將這個建議牢記在心，並在下一場研討會中興高采烈地分享：「我第一次在過聖誕節時，沒有和爸爸、法蘭茲叔叔為了我的職業選擇，展開每次必定上演的爭吵！」她是相當成功的藝術家，但是爸爸和叔叔一直打算讓她接管家族的律師事務所。每次聖誕節吃完豐盛的晚餐，她都必須為自己的職業選擇辯護，也就是說，她以為自己必須這麼做。參加研討會之後，她決定下一次不要再玩這種愚蠢的遊戲了。通常這個遊戲是這樣進行的：

爸爸：幫我拿乳酪好嗎？謝謝。妳也多吃點。這麼好的食物，以妳當藝術家的微薄收入，應該不是天天都吃得起。

叔叔：妳最近那幅畫賣了多少錢？我敢跟妳打賭，妳在我們事務所一天就能賺這麼多。我們這裡有個案子，簡直就是為妳量身打造的……

女兒：我可還沒到山窮水盡的地步啦。好吧，我承認，我的 Polo 衫已經穿了十年，但我還是最喜歡待在工作室裡……

爸爸：裡面都會漏雨了，妳連請個工人來修的錢都沒有！

女兒：也就那一次漏雨嘛，我早就修好了。

爸爸：是啊，還不是自己爬上屋頂去修的。要是妳一不小心，摔斷了全身骨頭怎麼辦？就憑妳那一點醫療保險，怎麼有辦法負擔治療費！

諸如此類，而且還是在吃飽飯、很少會討論尖銳話題的情況下。我們都能理解這位藝術家的感受，因為類似的對話我們也經常遇到，你最常和誰進行這種對話呢？藝術家發誓不再跟他們玩這種遊戲，打算聰明地保持沉默，之後的「對話」是這樣的：

爸爸：怎麼樣？妳工作室的房租還付得出來嗎？還是法院已經找上門強制執行遷

出了？

女兒：喔，啊，嗯……

爸爸：妳不用感到不好意思，藝術家嘛，生活本來就比較清苦。

叔叔：為了藝術，本來就是要吃苦。

女兒：喔，是啊，沒錯。

爸爸：這樣下去妳總有一天會厭倦吧？妳知道的，妳隨時可以來我們這裡上班。妳的法律學位可是拿了最高分畢業的……

女兒：嗯，是啊……

爸爸：所以我說過啊……那個，媽媽把熱紅酒遞過來一下……

噓……

讓挑釁、暗示和遊戲邀請都石沉大海。不要辯解，保持沉默。

但是，人要懂得如何正確地保持沉默。不是雙手交叉、皺著眉頭的那種賭氣、生氣或無助的沉默，而是要表現出自信、淡定的樣子。要對挑釁者說的話表現得很在乎，但同樣也要故意表示出我沒什麼好多說的，只是專注地思考，發出一些思考時的聲音，頂多說些無關緊要的話。這樣一來，操弄者很快就會失去繼續操弄的興致，因為操弄只有在受害者表現得像受害者的情況下才會有趣。

受害者不經大腦的衝動反應，是操弄者最好的彈藥。

相反的，如果對方拒絕扮演受害者角色，不為自己辯解，操弄者就會開始尋找其他的受害者，或是變得理智起來。那位女性藝術家還告訴我，那個聖誕節，她的父親三十年來第一次將她拉到一旁，對她說：「不用太在意我的話。當然妳沒有繼承我的事業，我有點不太甘心。但我真的很高興，妳找到自己的幸福。我自己以前也想成為鋼琴演奏家，鋼琴演奏家啊！年輕的時候腦袋裡總是會有一些奇怪的想法。算了，過去就過去了。對了，那幅紅色的畫，妳賣掉了嗎？妳知道我很喜歡那幅畫。」

當然，總會有新手提出這樣的反駁：「但是我總不能對所有的指責都保持沉默吧？」其實你完全可以，也應該這樣做，至少在開頭三十秒，巧妙且高明地保持沉默，並仔細觀察對話如何發展。看看對方是否會因為等得不耐煩而自亂陣腳。你隨時都可以發脾氣、辯解或回嘴，雖然通常沒什麼用，但有時候就是忍不住。畢竟說實話，這樣做還挺痛快的。不過，這真的很划不來，對大家都不好，除了招致更多的怨氣和浪費時間之外，什麼也得不到。

噓……

用沉默來抗拒操弄的能力，不僅能帶來短期效果，還具有經常被忽略的長遠影響。

一旦挑釁的人和操弄的人發現，你無法再讓他們為所欲為，他們會逐漸放過你，或者開始好好跟你講話。你可以透過以下方式來加快這個學習過程：在第三或第四次沉默之後，用溫和且包容的口氣來進行「後設溝通」（也就是先溝通我們要如何溝通），並解釋你的沉默：「你知道的，我通常不會回應這種事。對了，你的小孩最近還好嗎？」

很多人對我說：「我希望能超然於物外！」誰不想呢？但大多數人不知道該怎麼做。他們以為靈感會突然降臨，早上醒來就突然能超然於一切。這是天真的幻想。不付出努力，就不會有結果。如果不主動超越事物本身，就永遠無法真正的超然。

噓……

沉默是一種極佳的技巧，可以讓人優雅又深思熟慮地保持超然。

言語上超然物外的人，最終也會在心靈上如此：心隨身動，身隨心轉，善用這種相互依存的關係。這種關係是普遍存在的，例如：如果你強迫自己深呼吸，那麼最多三十次的呼吸之後，你的神經和內心都會明顯地平靜下來。

遇到侮辱時該怎麼辦

被侮辱的感覺並不好受，我們會本能地反擊，這是一種反射動作。然而，這種反射動作，並不能讓人快樂。與其反擊或抗議，不如試試看保持沉默。但不是那種帶著委屈的沉默，而是「冰冷的沉默」。用盡全套具有威脅性的肢體語言，一言不發地凝視對方，例如：皺眉、瞇眼、抿嘴、帶有威脅性的目光直視對方的眼睛等等。盯著對方看，眼睛眨都不眨。最重要的是：盡你所能想出最惡毒的念頭，但千萬別說出來！不然會破壞整場效果。科學家聲稱沒有心靈感應，但我可以向你保證：心靈感應是存在的！

至少在這種情況下，心靈感應是存在的：因為當有人用憤怒的眼神盯著你，並對你抱持最糟糕的念頭時，你也會感受到！這種感覺甚至會蔓延到胃部。所以，有意識地運用這種具有攻擊性的沉默吧。你經常會碰到這種機會，因為這個時代的人已經變得越來越難過、越來越無理，不顧他人感受。

在有些企業，惡劣的工作氛圍導致的自殺率，已經引起歐盟的關注。員工感覺自己像是受害者，無助、被隨意擺布。一名法國的ＩＴ工程師曾經告訴我：「老闆每天

沉默的力量甚至能震懾上司

進來，都會說一些新的難聽話。我們只能坐在那裡，心想：這不可能是真的吧！」他和同事都覺得無助，任人擺布。我建議他下一次不要只是坐在那裡想：「這不可能是真的吧！」而是想：「魔鬼把你抓走吧，你這個該死的奴隸頭子！」雖然這不太符合基督教教義，但其理由很快就立竿見影。這位當事人把這個建議也告訴其他同事，結果產生深遠的影響。當下一次老闆進來，準備發表新一輪的每日罵人言論時，他只罵了三句就停住了。

「然後他開始結巴了。」這名ＩＴ工程師事後半是驚訝、半是自豪地說：「他語無倫次，額頭上滿是汗水。突然，他就匆忙撤退了。我們一開始還不知道發生什麼事，直到大家相互看了一眼。」這些工程師看到了什麼呢？十四位同事，全都擺出一模一樣的姿勢：雙手交叉抱在胸前、兩腳張開、眼神殺氣騰騰、皺著眉頭、鼓著腮幫子、心中想著最惡毒的詛咒，即使是最頑強的人也受不了這樣。老闆終於不再那麼愛講難聽話了，而員工也擺脫了受害者的悲情，他們奮起反抗，取得了一場道德上的勝利，因而不會再被壓迫。順便一提，從這之後，老闆的口氣變得緩和了一些……

噓……

面對侮辱和挑釁，任何不想被欺負的人，都應該掌握這種「攻擊性的沉默」技巧。

用沉默來懲罰上司

這種攻擊性的沉默，是基層領導應對上司最有效的手段之一。經常有中階主管來接受輔導，抱怨上司讓他們不堪負荷：「不管我做什麼，都無法讓他滿意！」他們總是想知道，如何取悅一個根本不會滿意的上司。我都會指出，這種事根本不可能辦到，然後反問他們，當老闆交付過多的工作時，他們會怎麼回應？他們通常會說：「我怎麼可能做得完？我都已經忙到不可開交了！你為什麼不早點告訴我？」等等。這樣講有什麼用？當然沒有！所以我會建議每個學員採取攻擊性的沉默。

下次上司要求過分時：提出必要的問題反問上司，但盡量簡潔，不要抱怨，也不要評論，其餘的就用沉默來應對。這招百試不爽，為什麼？因為到目前為止，每個高階管理者都曾向我透露：「人非草木！我也不想讓人覺得我是奴隸頭子！」管理者對於被冷落的反應，比一般人想像的要敏感得多。更有趣的是，當高階管理者告訴我，下屬主管幾乎不再和他們交談、對他們冷漠以對時，我通常會問：

「一直都這樣？」

「嗯，沒有，其實不是……」

「那是什麼時候？」

「嗯，仔細想想，其實只有在我給他特別重的工作時。」

「然後他就不跟你講話？」

「是的。」

「那麼，每次你給他安排過多的工作時，他就用沉默來告訴你？」

「嗯，我倒是從來沒有這樣想過。」

「你應該感謝這個明確的訊號，而且要認真以對。」

沉默有時候比起千言萬語的抱怨，可以傳達更多事。應該也有一些上司能自行意識到這一點……如果沒有，那麼使用這種攻擊性沉默的人，事後總比那些抱怨的人，感覺要好得多。沉默的人，就是領導的人。即便是基層對高層管理者，更是如此。

堅持沉默，而不是言語攻擊

這是一個建議：面對挑釁和操弄，一開始先以高雅的沉默來回應。這個建議隱含了一個假設，現在就來闡明這個假設：

噓……

凡事先經思考且優雅地保持沉默的人，就放棄了言語攻擊。

這是一種許多人不（再）會想到的放棄行為。你只要聽聽我們每天周遭的吵雜聲就知道了。看看政治人物是如何相互對話，看看上司、客戶、供應商、同事是如何對待我們的，看看（有些）兄弟姊妹是如何不停爭吵；或者再看看那些（未經培訓、低薪、過勞的）客服人員在客服中心或企業中，是如何應付我們；或者看看一對「尋常」的伴侶，每天是怎麼生活的。不僅幾乎沒有人會退讓，更糟的是，一點小小的起因，似乎常常會成為引爆大爭吵的導火線。大家對別人都是零容忍，對自己卻是主張百分之百的權利。最讓人不安的是，放棄語言暴力似乎不再被視為一種選項：「難道我就要這樣忍氣吞聲嗎？這傢伙以為自己是什麼東西？我當然要反擊！」是啊，當然要反擊，但是該如何反擊呢？

很多人已經無法接受和平理性的溝通，這種溝通方式反而被視為軟弱、不合時宜，甚至是違反規矩的。試想一下：理性竟然被視為軟弱，取而代之的是，「以眼還眼，以牙還牙」的行事原則。他侮辱我，我就侮辱他。這樣一來，我們雖然算不上扯平，還浪費了大量時間，甚至會因此而爭吵多年，但至少我們雙方都保住了面子。說實話：如果要帶著這樣一個面子硬撐到死，我可不願意。

沉默對一個人來說，是一種極高的要求，比方說，它需要我們認清暴力無濟於事、解決方案比爭吵更有價值，也要了解我不應該回擊、把自己降低到連自己都厭惡的層次。但如果一個人無法領悟到這些觀點，就注定會對最微不足道的「侮辱」都做出言語反擊，進而自取其辱。

現在甚至連德國的學校裡面，都設置了調解員，並開設了爭執處理課程。這是因為父母已經無法再教導孩子，如何以文明的方式與他人相處，原因在於：他們根本無法應付那些放肆無理的年輕人。我曾在捷運上看到一個媽媽對十二歲的女兒說，為了其他乘客，請把任天堂遊戲機的音量調低一點。她的女兒立刻回嘴：「妳別老是這麼煩！」我真想當場就訓她一頓。這位媽媽很有耐心地試圖教導被寵壞的孩子，告訴她打擾別人是不禮貌的。然而，媽媽說的每一句話，都被孩子以另一句更難聽的話頂嘴。這是一個嚴重的錯誤，錯不在孩子，錯在母親。

教育不代表什麼事都要講上一百遍。

教育意味著，對孩子下達指令、約定規則或告知規定時，只需要講一次，並對頂嘴的問題簡單回應（這種情形並不多見）——然後保持沉默。必要的時候，執行相應的懲罰。

父母越是嘮叨，孩子就越會意識到：我可以對他們撒野。只要我能放肆地頂嘴，就不用遵守他們的規定。在這方面，捷運上那一幕後來可說是「大快我心」地收場：那個媽媽終於大徹大悟。

過了一會兒，這位媽媽說：「我不想再跟妳講這個了，要麼妳把音量調小，不然就是我沒收。」聽到這句話，小女孩立刻暴跳如雷、大發脾氣，說了很多難聽的話——結果下一秒，她的任天堂就被沒收了。當然這只會更加激發她的叛逆。但這已經不重要了，其他乘客早已習慣了這種場面。重要的是，這位媽媽做了唯一正確的事：她終止這場毫無意義、毫無益處又有損自己威信的商討。她選擇了沉默，世界上再也沒有什麼比沉默更能彰顯她話語的分量。我當時想像，在接下來幾天裡，這位媽媽會不斷重複這種新的方式：少說多做；越快執行，效果越好——然後保持沉默。

後來我和經驗豐富的教育工作者交談時，他們也證實了我的猜想：小孩總是吵鬧，有時候還很煩人，但他們非常聰明。如果他們發現，經過四、五次之後，父母就不願意和他們在無謂的商討上糾纏，他們就會改變行為，往往在第一次就會乖乖聽話。小孩其實能很快、確實遵守規則，但大人必須先制訂這些規則。這可能需要四到五次的練習，但最終會養成新的行為。而這一切，都是因為父母學會了，在適當的時機保持沉默。

噓……

能保持沉默的人，展現了堅持的態度。

堅持是一種幾乎等同於執行力的才能。為什麼這種能力只有少數人能掌握？因為背後存在著角色衝突。當一位媽媽和孩子的討論，超出了溝通所需程度，她更想當孩子的朋友，而不是母親（同樣情況也適用於父親和上司）。她想成為孩子的好夥伴。在這種情況下，她並非先把孩子看成「小孩」，而是當成小大人對待：「拜託，當我的朋友嘛！喜歡我吧！和我好好說話啦！」這可以理解，卻不恰當，而且會讓孩子無所適從。

父母若無法明確表達立場，事後又無法保持一貫的沉默，表示他們的內心排斥父母的角色。

有的時候，父母會把他們「被寵壞」的孩子送去足球訓練。教練會對這個孩子說：「把球收一收。」這時候有家長就會說：「他在家裡從來不收拾東西，就是因為自己爸媽說的話，他不會聽。」這是錯的，問題在於父母說的方式。父母會重複說上一百遍，這在孩子聽來就等於：你大可不必理會，或者等他們說了一百遍以後再去做。而教練只會說一次，然後就保持沉默。如果孩子不聽話，那就要做伏地挺身，直到他懂得「紀律」怎麼寫。有些教練也像家裡的父母一樣，讓孩子們爬到頭上。他們的溝通方式也如同父母，軟弱、沒有威信、朝令夕改。

表面上最強大的人，往往是最脆弱的受害者

有些人一遇到小挑釁就馬上暴跳如雷，擺出一副強硬姿態，他們究竟如何認知自己的角色呢？諷刺的是，這些人並不是特別具有攻擊性或強硬的人，而是受害者。他們活在受害者的角色裡：「媽媽，那個男人對我很壞！他怎麼可以這樣！我要踢他一腳！」一個真正自信的人，不會認為自己是受害者，而是自己人生的自主塑造者。他們會說：「那又怎麼樣？隨他們去說吧，一棵德國橡樹會在乎一隻豬在自己身上磨蹭抓癢嗎？」

仔細觀察就會發現，許多政治家和管理者的行事都是從受害者的角色出發。這些人通常都被視為手握大權的人物，問題在於：他們自己並不這麼認為。他們覺得自己既渺小又卑微——因此用言語攻擊來過度彌補自卑感。正如佛洛伊德所說：「攻擊性和傲慢是缺乏安全感的表現。」

沉默的美麗在於：學會沉默，就是學會強大。即便是感覺自己軟弱的人，只要讓別人說話，並觀察對方如何暴露出自己內在的軟弱，也能贏得內在的力量。

用沉默談判

我已經多次強調，只要說得少，往往就能更快得到自己想要的東西。但大多數人的做法正好相反：越是渴望某件東西、別人越是反對、時間越緊迫、自己越緊張、越是沒把握，就越會滔滔不絕。他們似乎認為：「說得多，好處就多。」如果真的是這樣，那我在春天，只要往每棵蘋果樹下倒五噸的肥料，到了七月就能吃到新鮮蘋果了。但事實並非如此，到了七月蘋果樹都死光了，因為施肥過多。凡事皆有適度的分寸，而滔滔不絕的人往往過度了。

千萬不要做的事：提出一個論點，然後再提一個，又一個；然後說明理由，再來一個呼籲、緊跟著一個訴求，接著又是一個論點，嘴巴根本停不下來。對方每提出一個反對意見，就用更長的篇幅去反駁……這真是一個無聊、乏味、愚蠢的遊戲。在薪資談判中，這種遊戲很常見。大家是多麼努力爭取啊！努力提出各種有利於自己的理由！但也有少數例外，這些例外讓人耳目一新。

提出論點－說明理由－保持沉默

有一次，我的研討會來了一位工程師，他聲稱自己每年都會進行一次薪資談判，而且每年都有所斬獲。大多數人都不相信他，於是我提議進行一場角色扮演，讓他示範如何做到。這是我主持過為時最短的角色扮演之一，我扮演老闆，他扮演自己。

他說：「老闆，在過去十二個月，我除了自己的工作之外，還接手了被裁員的同事史密茲一半的工作量，並成功完成品類經理的培訓。我做得很多，能做的也更多了，因此我希望可以加薪兩百歐元。」然後他就不再說話了。我忍不住大笑了起來。

很多學員不理解。他們不懂這場角色扮演，也不懂這個工程師，我的笑聲更讓他們很困惑。我之所以笑，是因為這位工程師完全抓到重點：他該說的，都說了，然後就保持沉默，因為已經沒必要再多說了。然後他就看著上司左顧右盼、試圖找藉口。他就只是坐在那裡，偶爾點點頭，發出一些聲音，裝作很認真的樣子，但就是不肯起身。結果，上司每次都會給他加薪，雖然不是每次都加到他要求的金額，但至少都有加薪。

看了這場簡短的角色扮演，大家紛紛評論道：「這個工程師大概是不可或缺吧」、「他的上司是個軟腳蝦」、「靠顏值吧，這完全是運氣」、「這家公司應該很有錢」。有人就是這樣解釋成功，卻不把沉默列入原因的清單中。但我在想，一個人如何能如此平靜、從容，只用寥寥數語就表達出自己的觀點？

噓……

一個人越堅信自己的所求正當、觀點正確，談判時就越能保持從容、平靜，講話也更簡潔。

這麼多人會說這麼多話的真正原因就是：他們其實並不是這麼想說服對方，而是自以為在說服對方。事實上，他們是想藉著滔滔不絕的話語來說服自己。這當然是不可能的，不管他說了多少，沒有人能在談判的壓力下說服自己相信自己的立場（這只有在談判前才能做到）。所以很多人會說這麼多話，是因為他們對於自己和自己的立場，依舊沒有信心。

像這位工程師之類的人，在談判中只要寥寥幾句話就能搞定，原因在於：他對自己、自身利益和目標，有著絕對的自信。這種自信比任何論點都更能有效傳達給談判對手。這就像對待狗一樣：如果你下達命令時三心兩意、猶豫不決，狗是不會聽你的，反而會爬到你頭上。如果你在必要時用嚴厲的語氣大喊「坐下！」和「跟上！」，狗就會聽你的，因為牠們認出了主人。

Try!

回顧一下過去的對話和談判：對方是否感受到你身上的專業風範？你自己是否感受到這一點？你如何才能更強勢、更專業地捍衛自己的立場？現在展望未來：下一場談判是什麼？你如何才能對自己的目標充滿絕對的信心？反覆演練，直到你完全掌握。

一位新手媽媽跟我講了一個很好的例子，說明懷疑和自信的區別。她剛把哭鬧的新生兒哄睡，放在搖籃裡，就聽見一群青少年騎著摩托車在屋子外面喧嘩。她讓丈夫出去交涉，丈夫開始和那群青少年東扯西扯，回應他們那些不成熟的意見，試圖耐心且「理性地」解釋。那群青少年卻笑著把他轟走，因為他們感受到了他的不自信。這位不自信的知識分子，相信自己能用理性和好言相勸解決一切。這通常是不錯的辦法，但有時候你就是得直接對狗下命令。當這個媽媽看到丈夫一籌莫展時，她走出了家門口：「惹熊惹虎，不要惹到母老虎……」

她說：「你們給我聽好，我家有個寶寶在睡覺，如果他等一下睡不滿兩小時就醒過來，我會找你們算帳。」說完轉身就走。對於對方來說，這種做法的問題在於：當沒人要和你吵的時候，你那滿腔的爭辯欲望要怎麼辦？這些青少年很擅長打嘴砲，也很喜歡和「權威」對抗。對於任何合理的解釋，他們都有一套無恥近乎神勇的反駁——唯獨對於沉默他們無計可施。而這種沉默比任何直接的威脅，更具威攝力，他們瞬間就感到不安了（讓傲慢或具攻擊性的人感到不安是很容易的——因為他們本來就已經很沒有安全感）。這些青少年不禁開始胡思亂想：這個媽媽說要找我們算帳是什麼意思？她會叫警察來嗎？會提著木棍出來嗎？還是菜刀？她會通知我們的父母嗎？短短幾分鐘之內，這群年輕人就散了，決定換個地方。

噓……

沉默會讓談判對手不安，因爲他們無法再反駁自己內心的想法。

自己的想法、內心的話語，比起外在的話語更有力量——尤其對青少年和弱勢的談判對手來說，更是如此。但前提是，你必須對自己的立場堅定不移。那個爸爸並沒有做到這一點，他混淆了自己的角色。他是一個父親，卻想以好兄弟的身分出場。相反的，媽媽則堅定地表明，自己知道在這場不愉快的爭辯中誰對誰錯。不自信的人不僅很愛爭辯，還很容易讓步。

噓……

一個強硬且成功的談判者，會說出該說的話，然後保持沉默。

如果對方也是一個同樣強硬的談判者，會怎麼樣呢？那將會是一場精采絕倫的談判：廢話不多、只談重點、大量又適當的沉默，而且結果很快就能達成。啊，如果我們能生活在這樣的世界裡，該有多好啊！不管遇到什麼問題，大家聚在一起，迅速切入主題，聚焦重點，一切都進行得平靜又井然有序，很快就能達成共識，進入輕鬆愉快的階段，這簡直是人間天堂啊。

如果我們終於明白，沒有良好的溝通，就不會有持久的幸福與社會和諧，這會是很大的進步。套用德國哲學家阿多諾（Theodor W. Adorno）的話來稍微改編一下：在錯誤的溝通中，不會有正確的生活。我們反過來看，如果有人使用沉默來對付你時，你該怎麼辦？千萬不要迎合他！大多數菜鳥在對方沉默時會感到緊張、變得不安，然後急於打破沉默，迎合對方，甚至做出讓步。這是一個嚴重的錯誤！你隨時都可以做出讓步，但不要被對方的沉默迷惑。最好主動發問，例如：「你覺得我的提議怎麼樣？」、「你在想什麼？」、「你在考慮什麼？」這樣一來，球就很清楚地回到對方那邊，你的緊張感也會隨之消失。

處理抱怨的最佳祕訣

遇到某人處於火冒三丈狀態，生氣、煩躁、怨天尤人、抱怨、投訴、檢舉別人錯誤時，一個菜鳥會怎麼處理呢？他會立刻回應那個憤怒的人，給予回答、解釋、辯解、尋找理由、並且「關心對方」。結果如何呢？對話一定會激化。菜鳥會將責任推給憤怒的人：「為什麼他的反應這麼負面？我已經盡力了！」而這正是問題所在。

當一個人生氣時，任何進一步的解釋、辯解、辯護之詞，都只會火上加油。這個人會抓住每一個字眼，做為自己更生氣的理由。因此，不要再多說話。

噓……

當有人生氣時——千萬別去安撫他！保持沉默。表現出專注、認眞、尊重與理解的態度聆聽。

當你打電話到客服熱線，抱怨設備故障，如果電話另一端那位「親切」的客服小姐問你：「請問你有插插頭嗎？」你是不是也會抓狂？她的本意是好的，她只是想幫助你——但從你的角度來看，這句話對你是莫大的侮辱，因為她明顯在質疑你的智商。你更願意聽到的是，這位親切的客服小姐在另一端保持沉默，不是那種拒絕或懷疑的沉默，而是帶著理解和同理心的沉默，偶爾插入一些像「喔」、「天啊」、「真的假的」之類的感嘆詞。這樣你比較能接受，對吧？

那麼讓我們深入日常生活中的瑣事吧。孩子放學回家，抱怨說：「媽媽，今天的午餐麵包上忘了塗奶油，我只能乾巴巴地吃下去！」媽媽會怎麼回應呢？我跟你打賭，她會說一些像：「但是奶油用完了！」、「我不可能什麼事情都記得！」或是「有媽媽幫你準備午餐就不錯了，不然明天開始你可以自己做！」孩子會怎麼說呢？

他不會接受這樣的回答，只會繼續抱怨，而且聲音越來越大。這很合理。

噓……

人會一直抱怨，直到抱怨的目的被滿足為止。

這個目的就是被認真對待。當媽媽開始為自己辯解，不僅孩子，任何抱怨的人都會把它解讀為對抱怨的拒絕。所以媽媽最好這樣說：「喔，可憐的寶貝，真是抱歉，乾巴巴地吃麵包一定很難吃吧。」當然對於一個身心俱疲的媽媽（或者上司、客服人員、爸爸、教練……）來說，這要求有點過分了，幾乎等同於自我否定。但是這樣做的回報是值得的，甚至不只於此。你自己試試看吧，觀察抱怨者，如果你對他們的抱怨表現出過度認真時，他們會有什麼反應；如果你配合他們的情緒（如同NLP專家所說的，請參照第2章），跟隨他們的節奏，就像印地安人說的：「穿著他們的鞋走上一百步。」簡單來說，關注他們，然後以安慰性的態度保持沉默。

我們生活在一個充滿壓力的時代，因此人們幾乎時時刻刻都在抱怨或投訴。如果能以專業、簡潔、有同理心的態度來處理這些投訴，不僅會讓你感到平靜和壓力減輕，還能結交到許多新的朋友。我認識一位保險公司的職員，他的名聲比部門主管還好，因此在部門裡是無形的權威。為什麼？因為他是處理投訴的專家。大家都說：「法蘭茲做人誠懇，不管你來找他是為了什麼事，他總是認真對待。」這只是因為他總是先聆聽，然後以強調的語氣重複投訴者的抱怨內容（同步、複誦），接著以安慰

給新手的祕訣

的態度保持沉默。

這裡有一個所有人都應該知道的新手祕訣，其實很簡單：在回應投訴者之前，先默默從一數到十！回應完之後再數一次。這樣做，能有效緩解緊張的氣氛：沉默對於火爆的溝通，非常有幫助。

需求釐清：世界還缺少什麼？

為什麼業務員的名聲這麼差？因為他們只在乎業績，這是客戶、消費者保護組織、媒體、主管機關和律師最常提出的指控。業務員通常會憤怒地反駁這項指控——而且我相信他們是對的。

噓……

業務員雖然給人一種只在乎業績的印象，但其實他們只是不會傾聽。

不了解需求，就會賣錯東西

客人：你好，我想買一台個人電腦。

業務員：喔，我們剛好有一台最適合你的電腦，而且還有優惠喔！

這從一開始就錯了，還惹怒客人。因為有優惠的這台電腦，是一部先進的多媒體個人電腦，配備了頂規的顯示卡，還內建攝影機。但客人其實只需要電腦來做一些文書處理和試算表格，他既不要求顯示卡與大容量的記憶體，也不打電玩。他已經五十五歲了，只需要一台好一點的打字機。但業務員沒有發現這一點，因為他沒有保持沉默，因此無法傾聽。

在銷售術語中，這種專門的聆聽被稱為「需求釐清」：要先問客戶為什麼需要這個產品，然後靜靜地聽著。你認識能做到這一點的業務員嗎？這樣的人可不多見。我當然有認識一些業務員，他們會傾聽，而且可以清楚釐清客戶需求。這些人是最棒的，是王牌業務，在客戶、消費者保護組織與老闆心中，都享有良好名聲。而這一切，僅僅因為他們掌握了保持沉默這樣簡單的技能。

你我都是業務員

你不是業務員，這我知道，但這就代表你不進行銷售嗎？其實你我每個人無時無刻都在銷售東西。求婚也是一種銷售，簡報也是一種銷售，請求也是一種銷售：「如果你接受我的請求，我會奉上自己的感謝。」會議也是銷售：「請採納我的想法、建議和企畫！」我們不斷想推銷自己，推銷自己的想法和建議，想把自己的興趣介紹給別人。經常有人問我：「我該如何說服別人接受我的想法？什麼樣的論點最有說服力？」我總是回答：「關鍵不在於你的論點本身，而是對方想要什麼。只有了解對方的需求時，你才有辦法選擇對他最有說服力的論點。」為了做到這一點，你必須先提出問題、保持沉默並仔細聆聽，否則你永遠不會知道對方真正要的是什麼。

噓……

在需求釐清階段就開始爭論、而不是保持沉默的人，肯定會搞砸這筆交易。

業務員抱怨客戶總是想殺價時，我都會建議他們最好閉上嘴巴。因為他們實際上是在說：「我無法釐清客戶的需求，所以客戶才會一直只跟我談價格。」如果能確實釐清客戶的需求，就很少會有客戶再對價格斤斤計較，因為他們堅信，這個產品連同價格，完全合乎自己需求。這是因為這項需求已經受到辨別和釐清，而且與產品的特性相吻合。順便說一句，這招對父母也適用。

父母應該也要學會釐清需求

媽媽：你現在就去寫作業！

小孩：可是外面天氣這麼好！

媽媽：不准頂嘴！快去寫作業！馬上！

小孩：可是盧卡斯已經跑出去玩了！

諸如此類。有的時候，這種爭執耗費的時間比寫完作業還要長……而這一切都是因為一開始沒有釐清需求：

小孩：可是外面天氣這麼好！
媽媽：沒錯，所以你想做什麼？
小孩：出去玩！踢足球！
媽媽：好啊，還有什麼？
小孩：看電視，還有和阿嬤一起清理水族箱！
媽媽：那作業呢？
小孩：嗯，還有作業。
媽媽：你要做的事情也太多了吧，你不可能全部做完。你打算放棄哪些？而且你什麼時候寫作業？
小孩：清理水族箱可以不用做，我踢完足球再寫作業。
媽媽：很好，我的建議是：先寫半個小時作業，然後踢一個小時足球，接著再寫作業，你同意嗎？

與其用冗長又生氣的話語來「說服」孩子寫作業，不如父母先問問孩子，保持沉默並釐清需求。這樣一來，孩子會覺得自己受到重視，然後就更有動力、更投入，而且整個過程也不會拖得很長。不過這對父母的要求會不會太高？沒錯。

噓……

良好的溝通就像打網球一樣：需要學習。因此，優秀的網球選手能贏得更多的獎盃。

需求釐清：進階的沉默

你也可以選擇一直和孩子爭吵，直到他們十八歲搬出去。你可以這樣做，但沒必要這麼做。只要你和其他人住在一起，就應該掌握如何釐清需求——無論你是處於伴侶關係、婚姻關係，還是與孩子、父母或親戚相處；或是你參加社團，在工作中和同事、上司、客戶、員工、事業夥伴或供應商打交道。簡而言之，只要你是人類的一員，就應該學會這項技能，舉個小例子。

男：為什麼妳今年不想去山上？

女：我們每年都去山上度假！

男：根本沒有吧！三年前我們是去地中海。

女：那都這麼久了，早就不算了！

我的老天爺啊，居然還有人要去談戀愛！誰會想要這種壓力呢？這都要怪政府啦，竟然在人民不懂如何釐清需求之下，就允許人談戀愛。

男：為什麼妳今年不想去山上？

女：我們每年都去山上度假！

男：嗯，那妳更想去哪裡度假？

如果有人相信，單靠這個問題就能搞定一切，那他一定沒談過戀愛：

噓……

這之所以稱爲「釐清需求」，是因爲大多數人對自己的需求完全不清楚。

他們根本不知道自己想要什麼（所以很容易受到廣告操縱），如果有人想釐清周遭人的需求，往往需要像神父一樣有耐心、像偵探一樣敏銳：提問——沉默——提問——沉默。再者，大多數人甚至還會抗拒這一點！他們寧願吵架，也不願釐清吵架背後的需求。因為這樣更簡單，也是他們的習慣。但如果你對他們保持耐心，即使是最頑固的吵架王，在經過第三次或第四次的需求釐清之後，也會感覺到，表達自己的需求比沒完沒了的吵架更好。雖然他不會把這個稱為「輔導」，但這就是輔導。

用沉默當工具：輔導

我受邀到公司或企業時，有時會發現之前已經有顧問去過了。這些顧問做了什麼呢？他們就是提供建議。換句話說，就是說了很多。大概是這樣的模式：

顧問：你們必須裁員五十人，精簡流程，降低成本。

企業主：可是我們是家族企業！我不能隨便裁員！

顧問：你們非做不可，不然最多一年就會倒閉。

接下來怎麼了？顧問收了一筆五位數的顧問費，而這位家族企業的企業主卻把報告丟進抽屜裡，同時不裁員。結果一年之後，真的面臨倒閉。然後（理想情況下）教練來到公司：

教練：為什麼你們不裁員？

企業主：因為很多人在我們這裡已經工作了三代了。

教練：好吧，我理解，不裁員。那你們打算怎麼拯救公司？

企業主接下來會怎麼做？你猜對了，他保持沉默。如果他能沉得住氣，就會沉默很久。顧問會怎麼做？他會給出建議，也就是提出一些方案。這些方案很可能被企業主拒絕，因為不符合他家族企業的理念。相較之下，教練會怎麼做呢？他會坐在那裡等待，一直等待，同時保持沉默。等到汗流浹背，甚至快要瘋了，因為：

噓……

當一個人心生抗拒時，最好就向他提出一個聰明的問題，然後保持沉默，讓他安靜地思考。雖然這是目前已知最好、最快、最有效的介入方式，但同時也是最困難的。

因為你我全是話多的人，無法閉嘴，只有那些真正、非常優秀的教練才能保持沉默（我為此受過多年訓練，感到很自豪，好像我能回擊網球名將費德勒的發球一樣）。正是在這種沉默中，能誕生出精妙又切實可行的解決方案，它甚至還可以移山倒海。因為對於解決方案來說，始終適用以下原則：一個外行人提出的五〇%有效解決方案，如果能百分之百的執行，依然比一個專家提出的百分之百有效解決方案，但僅能落實五〇%，要好上一〇〇%。為什麼會這樣？因為解決方案不一定要完全匹配問題本身，而是要匹配個人。問題是多變的，因為真實的問題由於其複雜性（牽涉許多因素！）而自然變得多變。但人不是，一個家族企業的企業主就是家族企業的企業主，無法脫離自己的本質，就像一朵玫瑰就是一朵玫瑰一樣。

這位家族企業的企業主後來怎麼了？他找不到拯救自家企業的方案。因此請來的教練繼續發問並保持沉默：

教練：那麼，單憑你的直覺來說，你覺得公司最大的優勢是什麼？

企業主：就是這個啊，我們的員工已經在這裡工作了好幾代了。

教練：這代表什麼呢？

企業主：這代表我對他們有責任！

教練：那反過來說呢？

企業主：當然了，他們對這個家族也有責任，這不是很明顯嗎？這麼明顯！他們願意為公司付出一切！這裡就是他們的家！

然後教練沉默了很久，因為他看到這位家族企業主在這個想法上豁然開朗了。最後企業主走到聚集在一起的員工前面，坦白地告訴大家：「如果沒有奇蹟發生，我們在一年內就會破產！」一陣驚呼聲響起，但因為他們的父親與祖父都曾為這家公司服務過，所以員工們知道該怎麼做。他們願意做出任何犧牲——而且出於自願，這是一般員工做不到的。他們突然變得比以前更有創意，而且是自動自發的；每個人都成為業務員，碰到誰就向誰推銷產品——也是自動自發。現在，公司總算度過危機了（當然，下一次危機隨時可能來臨——但我們的人生就是這樣）。但這一切之所以能實現，完全是因為教練有足夠的聰明，選擇保持「尷尬的靜默」，而不是一直對家族企業主說教。

當然，這只是簡述教練如何將技巧運用得出神入化。如果你覺得這個教練的理念很吸引人：那就馬上試試看，不要拖延。就像拉丁文諺語：Hic Rhodos, hic saltat（現在就是行動的時刻），馬上就去做：

Try!

選擇一個困擾你的問題（適中就好，不要一開始就太難！），你會立刻想到哪些常見的建議和「合理」的解決方案？把這些想法擱置在一旁，你可以稍後再考慮。現在保持沉默就好——沒有指責、沒有建議，只要（單純）沉默就好。這很難嗎？很好，繼續在內心保持沉默。有什麼東西浮現出來？觀察就好，不要評價、不要評論。繼續保持沉默，讓一些東西浮現出來。如果你想，可以做筆記。然後把筆記本丟在一邊，問自己一些不帶責備、感興趣的問題。不要評論、不要評論、不要評論。是的，沒錯：教練不妄加評論，這和冥想有些關聯，實際上，這種做法已經有四千年的歷史。

在安靜中，想像力會覺醒

進行這項練習、並真正做到個人沉默的人，常常分享說，有些好點子會突然爆發，也常問：「這些想法是從哪裡來的？這到底是什麼？」我們將它稱為創意、直覺、靈感或第六感，而這些能力只有在（不妄加評論的！）靜默中才會被觸發。這就是為什麼我們經常在洗澡時或其他意想不到的地方突然靈光一閃，因為在這些地方，我們那個滔滔不絕、品頭論足、貶低自己的心靈會暫時沉默下來！

噓……

靜默、沉默、內心的沉澱和集中，是每一個原創、有創意解決方案的前提。

換句話說：無法真正保持沉默，就無法真正地思考。靜默會刺激思考——如果我們能抗拒滔滔不絕、打開電視、滑手機和上網等種種誘惑，從這個原則出發，可以建立一整套世界觀。對於進階者，我建議以下的練習：

Try!

問一位你親近的人，提出一些彼此連貫、逐漸深入的問題，一直問到他無法立即回答、必須開始思考爲止。然後你就保持沉默，直到對方自己想出答案。然後你思考一下：我最後問了什麼？是什麼讓對方開始思考？

大多數人只有在做了這個練習之後，才會意識到思維模式的轉變。一位研討會的女學員分享：「我通常無法忍受另一半的沉默，總會忍不住去問他問題，或是找話題和他聊天，試圖打破沉默。但在這個練習中，我不僅能忍受沉默，甚至還樂在其中。這種靜默非常有趣：我彷彿看到他在想什麼、如何思考。我們很少有這麼良好的交流，讓我發現了他全新的另一面。他並非總是配合，但這已經成了我最喜歡的遊戲了。」為什麼？因為這能將人們連結在一起。

噓……

與一般人的認知相反，真正將人們連結在一起的，
不是每天無意義的閒聊，
而是針對重要的問題，共同默默思考。
簡而言之，就是靜默。

當我們不再覺得靜默很尷尬與試圖掩蓋，而是讓它自然發揮作用，人際關係和伴侶關係就能達到新的層次。當我們學會忍受、承受、包容沉默——並在靜默之後提出下一個問題時，更是如此。

你需要一個實際的例子嗎？佩特拉和她的母親吵了十年，兩人交談超過五分鐘，就一定吵架。她們都不是笨蛋，也並非頑固不化，而且已經試過很多種方法。最後佩特拉決定不再把這個問題當成問題，而是簡單地進行上述的提問練習。算是換個方式吧：「如果我們因此吵起來也沒關係。如果沒有，那就更好了。」佩特拉決定不再隨意評論（雖然很難，但非常值得），而是只用兩種方式進行溝通：提出更深入的問題和保持沉默。她開始提問。

佩特拉：為什麼妳今天要穿這麼厚的毛衣？

媽媽：這問題有夠蠢，妳什麼時候開始關心我要穿什麼？

佩特拉對這句挑釁不做任何評論，她只想提問和保持沉默。於是她沉默片刻，然後提問。

佩特拉：這不是西爾克（佩特拉的妹妹）很久以前送給妳當母親節禮物的那件毛衣嗎？

媽媽：妳還真是個聰明的孩子！（當然是語帶嘲諷——不過佩特拉不做評論）

佩特拉：妳有時會想念她嗎？（西爾克長期住在加拿大）

媽媽：是啊，當然會，這還用問嗎？

佩特拉：我也是，妳最想念她什麼？

媽媽：嗯……（母親第一次猶豫地沉默了一下）她的笑聲。妳們兩個當中，向來都是她比較開朗。

佩特拉：妳對我很失望嗎？

媽媽：什麼？為什麼這樣說？喔（再度沉默）。不，我是說，有一點吧。唉，妳們兩個我都愛，妳一直都是比較懂事的那一個。天啊，要不是有妳，我根本無法在妳爸爸過世以後搬家。我一直都沒有好好謝謝妳……

之後並沒有淚水伴隨著巧克力蛋糕的大和解，但是佩特拉說：「十年來，這是第一次對話沒有以吵架收場。」這是一個美好的成果，而且只用了兩個簡單的「工具」就達成了。

噓……

透過沉默和繼續提問，往往比花言巧語更能幫助你取得進展。

當然，你不用現在就會，但可以試試看，但千萬不要評價或評論第一次嘗試。

根據走走停停原則，交替說話和沉默

每年都會有研究顯示，很多夫妻，甚至包含伴侶，都已經非常認真遵循了「保持沉默」的呼籲。你猜猜，一對結婚二十年的夫妻，每天會彼此交談多少分鐘？

你可能猜錯了，因為這個數字實在出人意料：每天只有四到八分鐘。而且當中還有一半的時間，花在討論房子、金錢、購物、孩子和雜事。至於情感、關係、計畫、想法、夢想和心情，就幾乎沒有交流。你可能覺得這樣很誇張，但受訪者就非常習慣了。當研究人員指出他們婚姻中明顯的沉默時，他們往往會說這樣的話：「我跟她還需要說很多嗎？我知道她在想什麼，都已經老夫老妻了。」我開始覺得，居然還有人願意結婚，真是越來越讓人不解……

不講話的婚姻，就是好的婚姻？

噓……

有一種沉默，比任何侮辱都更糟。它更傷人，也讓人長久身心俱疲。

這就像單獨監禁一樣，人天生無法承受。就像高盧人所說的，人是一種「社會動物」。沒有溝通，任何人的心靈最終都會崩潰。

婚姻關係是一種脆弱的結構，即使是良好的婚姻關係，也需要一定程度的溝通能力，但很多人偏偏無法做到這一點。我們都認識一些女性，她們會在任何適當或不適當的場合問另一半：「親愛的，你在想什麼？」大家都知道這有多煩人。我們也必須知道，什麼時候該讓對方靜一靜、讓對方保持沉默，以及什麼時候可以、應該、必須去打擾對方。許多「好」太太告訴過我：「我現在很清楚，什麼時候我們之間需要保持沉默，比如他不安或沮喪時。這個時候強迫他交談是沒有用的，他寧願一個人靜一靜。等到過了半小時的獨處之後，他又願意和我講話了。」

光是說話或光是沉默，都是不夠的，單靠其中一項，最終都會有害。關鍵在於找到一個平衡點。

很多人認為，在一段「好的」婚姻關係中，應該能隨時與另一半談論任何事。但這根本不切實際！即使是感情最好的一對也做不到。每個人都有自己的狀態，有時會心情不好。如果在不合適的時機找另一半講話，往往會不歡而散。有些經驗尚淺的人就會因此賭氣說：「我跟另一半根本沒辦法好好講話！」但是由於溝通的需求依然存

噓……

在，人們會不斷堆積未解決的問題，最終這些問題會像一座大山一樣，壓垮婚姻關係和當事的兩人。也就是說，在每段婚姻關係中，既有保持「沉默的義務」，也有「開口說話的義務」。有的時候，身為另一半，我們必須閉嘴保持沉默；有時，我們也必須開口，說出需要說的話。找到這種平衡，是一項艱鉅的任務，卻非常值得，或許是最值得的事情之一……

既然我們談到了關係，無論是哪一種關係，我想問：你是如何與另一半溝通的？經過了六個章節，你應該已經明白以下概念吧：

最佳的對話就是遵循走走停停原則。

但幾乎沒有人做到這一點。當我們和另一半交談時，往往會壓制對方、嘮叨不休，又不給發言的機會。這其實是可以理解的，因為有些人天生就是話多。相反的，有些人就乾脆不和另一半說話，因為他們已經放棄溝通，只會講一些最必要的話。這兩種策略都是人之常情，但也都是無效的溝通。而且，這樣的婚姻關係很難維持十年。與其如此，還不如離婚……

建議你重新分配一下，將講話和沉默的比例重新劃分為一比三。是的，你沒看錯，沉默的時間必須是說話時間的三倍。再舉一個例子：

主管：各位同仁，我們要將所有的物流工作整合在一起！

員工：又來了！我們才將所有的業務分散，為什麼現在又要這樣搞？

主管：拜託一下，新的董事長有一些很棒的想法……提高效率……邁向新的里程碑……我們一定能做到……

你已經不舒服了嗎？很多主管就是這樣對待部屬的。太糟了，還不如這樣：

主管：各位同仁，我們要將所有的物流工作整合在一起！

員工：又來了！我們才將所有的業務分散，為什麼現在又要這樣搞？

主管：感謝大家熱情回應！請各位一個問題一個問題來。第一個問題是什麼？

主管接著保持沉默，其間員工竊竊私語，直到有一個員工鼓起勇氣問。

員工：那個，為什麼現在要這樣做？是因為我們換了新的董事長嗎？

面對這個問題，主管依然保持沉默，只是友善地點頭微笑。他故意停頓了一下（詳見第7章），藉此表示他非常重視員工的意見。隨後他回答了這個問題，接著再次沉默。員工逐漸平靜下來，然後他再詢問下一個反對意見。

有位人夫告訴我，他已經試了幾個星期，卻無法說服太太搬家：「就算我說得天花亂墜——也無法打動她！」我建議他不要再花言巧語了，不如試試「走走停停」的方式。所以下次他問太太：「基本上，妳對搬家有什麼意見？」他太太看著他，好像在看外星人，然後繼續專心玩她的數獨。丈夫則保持沉默，耐心等待。感覺經過了二十分鐘（實際上可能沒有那麼久），太太才說：「我們在這裡住得好好的。」丈夫這次保持沉默，沒有像前幾次那樣立即反駁。然後他又再度嘗試：「當然，住在這裡感覺很好。」他再次沉默，然後才說：「我們就別再提搬家的事了。」一陣沉默。「但如果你週末的時候，能去看一下附近漂亮地區的小房子，我會很高興。也許我錯了，但我覺得我們在那裡也能生活得很好，適應得很快。」他又沉默了，這次一整天。下次吃午餐的時候，他太太對他說……其實她說了什麼並不重要，重要的是：

噓……

給予對方足夠的時間來思考——方法就是少說話。

給爸爸吃一口——然後休息；給媽媽吃一口——然後休息——給孩子吃一口，然後休息；給……並不是每個人都像上述例子中的妻子一樣，需要休息一整天。但是所有人都需要更多的思考和處理時間，這個時間比你想像的更多，也比我們通常給予的還要多。效果來自於這段休息時間，請耐心等候。

技巧摘要：閉嘴，做就對了！

- ✔當我們和各式各樣的人交談時，通常只會專注在自己想說的話，但這是不夠的。在任何交流中，我們應該先考慮沉默，同時也應該特別考慮沉默。
- ✔養成一個習慣：在任何情況下，都要先短暫地沉默，然後思考。即使你早就知道答案了，也應該如此。
- ✔當有人對你挑釁或操弄時，用凶狠的眼神配合攻擊性的沉默！
- ✔在談判中，策略性地運用你的沉默。
- ✔沉默可以幫助你探索他人的期望。
- ✔練習走走停停，說一句簡潔有力的話，然後保持沉默，給對方一些時間思考與消化。
- ✔多練習保持沉默！

7

刻意停頓

錯過恰當的沉默時機，
是對話中最嚴重的錯誤之一。
——弗朗茲·柏格勒（Franz Pöggeler），德國教育學者

暫停一下！

你有沒有在電視上看過奧斯卡頒獎典禮？那你一定記得那句經典台詞：「得獎的是……」緊接著「是」之後，總會出現什麼呢？沒錯，刻意的停頓。當然，頒獎人都是受過訓練的專業演員，他們就像現代的神鬼戰士，受過演藝老師無數時日的嚴格訓練，被灌輸了這樣的理念：「不要囉唆，不要離題，不要廢話——要言簡意賅，強調重點，並在適當時機停頓。」為什麼？因為這樣做有效！因為這樣做能吸引觀眾的注意力——即使大多數觀眾不知道其中的奧祕。

噓……

刻意的停頓就是演說家的沉默。

我認識一些主管，他們能將這種刻意停頓運用到爐火純青的地步：「麥爾先生。（停頓，看著員工，眼神中沒有任何一絲不友善，員工的笑容有點僵硬。）很遺憾，我們今天要談一個不怎麼愉快的話題。（停頓，員工現在看起來像個被叫到校長室的小學生。）請談談你的專案延誤問題吧。（停頓，現在專案負責人額頭上已經冒出汗珠了。）」

說實話，這很讓人費解：為什麼沉默的效果往往比任何長篇大論要強大十倍？

噓……

刻意停頓，影響聽者內心想法的程度，遠勝於外來最猛烈的語言攻擊。外來的語言攻擊通常觸發的是本能的反抗，因而效果不佳。

刻意停頓比起直接攻擊，效果更好。前提是，你能把對方的思緒引導到正確的方向。很多時候，甚至不需要一個明確的方向，單單讓對方有一些不確定感就足夠了，正如同上述職場中的例子所顯示的那樣：主管並沒有斥責專案負責人，而是用模糊的開場白讓他感到不安——剩下的事情，員工會自行「腦內補完」。

不確定感是人類最強大的情感之一。幾乎沒有任何修辭手段能像精心安排的刻意停頓這樣，有效又快速引發這種不確定感。當然反過來也是一樣：刻意停頓能強化任何讚美。在一次原本枯燥乏味的業務會議中，我聽到很棒的頒獎詞，頒獎人是一名資深主管，他和年輕主管不同，憑藉著多年豐富的經驗，多了一份從容；這種從容可以在有魅力的男女身上見到。他的演講極為簡短，卻是當天晚上最具影響力的演講：

停頓讓所說的話擲地有聲

「各位女士，各位先生。（停頓）現在我要表揚一位在我們公司服務三十年的同仁。（停頓）法蘭茲・閔澤爾斯貝爾格。（停頓）他辛勤不懈。（停頓）無論身為同事或上司，都是能讓人隨時倚賴的人。（停頓）他是研發部門的支柱。」結束了。之後，沒有人能記得其他的讚美詞。反倒是「研發部門的支柱」這句話，深深烙印在每個人的腦海裡。因為這番話是建立在簡短的話語、許多巧妙的刻意停頓之上。

不要害怕加一點點修辭！

一聽到「修辭學」這個詞，許多人就會退縮，覺得「太難了，不適合我」。但修辭學中最強大的一種工具，其實每個人都能在一週內學會，那就是：**刻意停頓**。刻意停頓的效果讓人難以置信。有時我會去聽一些演講，那些演講者其實講的實質內容並不多，但和政治人物不同的是，他們的話不多，只說該說的少少幾句話，再搭配許多精心選擇的停頓。我聽得情不自禁，甚至不由自主地動容——更別說周遭的聽眾了。我們再一次看到了台上的典範，這很合理，畢竟表演藝術從四千年以前，就是一門製造影響力的藝術。

舉個例子：過去在演唱會上，習慣用諸如這樣的方式介紹一位女歌手：「各位先生、女士，讓我們一起歡迎專輯熱銷兩百萬張、最近拿到第三座葛萊美獎、剛剛發行新專輯的流行天后，現在為我們帶來她的……」。舞台表演者最早注意到，這種冗長的介紹達不到他們預期的效果：觀眾的期待感非但沒有提升，反而下降了。如今，一個專業的主持人會這樣介紹：「各位女士，各位先生。（停頓、停頓、停頓）讓我們歡迎（停頓）艾爾頓（停頓）強！」然後觀眾瘋狂歡呼。有些人可能會說，這只適用於大明星，那代表他們從沒去過當地的劇院：這種方式對任何人都有效！因為讓介紹極具分量的，並不是名氣，而是停頓。

知道不等於會做

我認識的人當中，沒有人會反對這一點。當我在研討會、輔導課程或咖啡廳談論「刻意停頓」時，大家都會點頭表示同意。但五秒鐘之後，當我詢問他們上週的經歷時，大家又開始滔滔不絕：知道不等於會做。為什麼會這樣呢？

噓……

我們的溝通，大多受到表達衝動所驅使，而不是意識到效果。

滔滔不絕的人，只是想表達自己。他們深受表達欲之苦，因為太強烈了，結果，他們完全不會考慮自己的話語會對他人造成什麼樣的感受。正是因為這樣，刻意停頓才會如此有效：對方能真切感受到，說話的人並非只是單純對他「宣洩」，而是在每次停頓中完全專注於他與聽眾。美國最知名的政治記者、小說《原色》作者喬．克萊恩（Joe Klein），將這種傾聽方式稱為「有氧傾聽」，比爾．柯林頓就是這方面的高手。克萊恩說：「與柯林頓交談的人都會感覺到，他正全神貫注地聆聽你的每一句話，好像這些話是世界上最重要的話語。在那一刻，也確實如此。」柯林頓是如何做到這一點呢？因為他善於運用刻意停頓。

你從閱讀的內容當中，得出什麼結論呢？不妨練習一下。你不必等到特定場合，當合上書本，與某人簡短交談時，就是最佳時機。說話時，運用停頓，嘗試一下。即使感覺不太習慣，也不會有什麼不好的結果。聽眾不會察覺到你在做什麼，他們最多只會注意到，今天和你交談特別愉快。

受害者不會停頓

懂得運用刻意停頓的人之所以這麼少，不僅僅是因為缺乏練習，有些人甚至害怕刻意停頓，因為他們擔心「對方會趁機插話」。這種擔心可以理解，換句話說：當我和別人說話時，為了不讓對方插話，我就必須毫無間斷地說個不停，完全不給對方留下任何停頓空間？？？這樣算是什麼交談？根本是強迫性的獨白、言語上的劫持、語言暴力。偏偏，這種情況並非少見。現代人根本不想要真正的對話，他們不想和別人交流，只想獨自一人，透過言語來宣洩，最好是能每天二十四小時不停歇。我好可憐啊！沒有人了解我！為什麼沒有人聽我說話？這完全是受害者心態，而受害者是不會停頓的。

這是否表示，只有情緒穩定的人才能運用刻意停頓？並非如此。就像生活中的許多情況一樣：問題就是解方。那些感到自卑渺小、嘴巴一開就閉不上的人，可以嘗試強迫自己停頓，並積極聆聽。這樣的經驗通常是很有啟發性的：真正的對話比獨白更能帶來安慰和舒緩，但必須親身體驗過才能理解。

沉默是最簡單、也最有效的一種溝通技巧，但大多數人都不知道這一點。當我問大家有什麼簡單又高效的對話技巧時，他們總是回答：「有力的論證」、「說服力」、「恰當的措辭」，幾乎沒有人提到刻意停頓。這似乎也解釋了：大多數人都在滔滔不絕地講話，但效果微乎其徵。甚至有些媽媽向我抱怨：「孩子當然比較聽我丈夫的話，因為他們晚上才會見到他，但聽我嘮叨就聽一整天了！」這位媽媽的意思是抱怨，但我聽出了她在自責：她說得太多了。如果一個媽媽在六十分鐘裡，有五十分鐘都在不斷下指令、規定、禁止、命令、要求、拜託、解釋、發脾氣與各種說教，孩子會充耳不聞也就不足為奇了。

言語的膨脹

言語和通貨一樣，也會膨脹，不要讓自己也陷入膨脹的境地！說得越多，你的話就越沒價值；說得越多，效果越小，反而給人一種多嘴、缺乏說服力、不可信、膚淺的印象。聽的人不僅不會感到印象深刻或信服，反而會感覺厭煩，甚至當耳邊風。

重要的不是言語，而是效果

正如同古羅馬人所說的：「你說的每一句話，都要考慮它的影響！」但我們通常不會這樣做。因為我們雖然說得很多，卻對這些話的效果所知甚少。想像一下：你胃痛數週，有一位醫生診斷出是胃潰瘍，然後在診所裡給你一顆藥丸和一杯水，讓你服下。等了五秒鐘以後他說：「什麼？藥效還沒出來嗎？那你趕快把整盒都吞下去！」

這種情況可能嗎？當然不可能。因為醫生知道，任何藥物都需要時間才能發揮作用。能療癒所有傷口的是時間，不是醫生。我們都知道，吞下藥丸後，需要時間才能發揮藥效。但對於說出來的話，卻不一定如此清楚。如果有人發現自己的第一句話沒有產生預期效果時，會怎麼做？大多數人會繼續補充、強調，再提一個論點……而不是先讓說出去的話發揮作用，觀察對方反應。當前在飲食上都有慢食的概念了，那何不試試慢語呢？

噓……

說話時也自己聽聽看，你是不是講太多了？

說得夠多了，現在讓我們來試試看。

Try!

選擇一位談話對象，不需要讓對方知道你在做練習，這不會對他造成困擾。如果你願意，也可以對著鏡子或牆壁說話。但是：不要只是一直講，你還要觀察自己的停頓行爲。在每個主要的句子之後，稍作停頓，心中默念：「二十一」。如果你夠大膽，也可以念出「二十一、二十二」，刻意停頓兩秒鐘。你也可以呼吸一下，但最好的方式是，不要依賴數字或呼吸來決定停頓的時間，而是依賴對方的反應：對方對你說的話有什麼反應？他的肢體語言透露了什麼訊息？他現在的感受如何？你能理解他的反應嗎？這是不是你期待的效果？

克服了初期的小問題之後，這個小練習會讓人覺得非常有趣，並且揭示了溝通的成功祕訣。有一位女學員，她是國際顧問公司的資深顧問，曾經對我說：「做完這個停頓練習後，我真的嚇了一大跳，因為我突然意識到：我平常根本不會注意對方的反應！頂多就是用眼睛餘光瞄一下！但其實這才是對話中最重要的部分。如果對方的反應，我視而不見，甚至根本沒有察覺，那要怎麼成功地進行一場對話，並引導對方朝著自己想要的方向發展呢？」我再也找不到比這更貼切的說法了。不過這位女主管還是花了一到兩週的時間，才逐漸放慢自己講話的習慣。

噓……

刻意停頓會讓人感到不尋常、舒適和放慢節奏。

一旦習慣了刻意停頓，就再也離不開了，因為刻意停頓對於內心的影響甚至比對於外在的作用更加強烈：對外，刻意停頓顯得自信、有說服力；對內，它能帶來從容、平靜和力量。刻意停頓有一個意想不到的附隨效果就是：思緒湧現。一名化學公司的董事長曾經跟我透露：「自從我刻意加入這些停頓之後，常常從停頓中迸出最好的想法，有些甚至是令人不安的念頭，但這些想法總是非常有用的。」他將這歸因於內在的影響，而將外界看到的變化歸因於外在的作用。他的一位董事會同僚在喝咖啡的時候隨口問我：「妳正在輔導我們董事長嗎？」——「對不起，輔導的內容是保密的。」——「無所謂啦，但最近幾週他變得特別有想法，這個老傢伙。妳對他做了什麼？」

噓……

懂得花時間思考的人，溝通時會更有智慧。

講話毫無停頓的人，會顯得毫無想法又空洞。不如暫停一下，稍作停頓。但什麼時候停頓呢？

停頓——什麼時候？

刻意停頓確實適用於各種場合，你不會用錯，除非你……像小學生一樣，在句子的中間停頓：因為不會念某一個字。所以放心依賴你培養出來的語感吧：每個主要句子後面都要停頓。對於那種應該避免、又長又帶子句的複雜句型（就像這一句），你甚至可以在每個逗號後面停頓。標點符號的作用就是在此，告訴我們：停頓！所以有人形容一個人滔滔不絕時會說：「他講話不帶標點符號。」也就是說毫無停頓。即使你是在說話，而不是閱讀，也可以很輕鬆地想像那些逗號和句號。對於老練的停頓高手來說，有一條規則是：

噓……

在每個資訊單元的後面，停頓一下。

這是什麼意思？我們馬上來練習一下。

Try!

我們以這句話當例子：「聯邦總統昨天早上在奧格斯堡頒發了環境保護獎。」這是一個簡單的例子，你會在哪裡停頓呢？當然，結尾的時候一定要停；還有當你說出第一個字之前，也要停頓。但還有其他地方嗎？你可以看一下這裡：「聯邦總統（第一個資訊，停頓）昨天早上（資訊，所以小停頓）在奧格斯堡（停頓）頒發了環境保護獎。」

有人會在做完這個練習之後反駁：「這麼多停頓？沒必要吧，大家又不是笨蛋！」其實說這種話的人，才是笨蛋。說真的，我覺得我們對於語言這種人類與生俱來的工具，存在這樣的誤解，才是造成婚姻關係破裂、離婚和戰爭的真正原因：我們說了很多話，但對自己的溝通產生的影響一無所知。

噓……

就算你很清楚自己在說什麼，也不代表談話對象一定能理解。

人都需要時間來理解，你不給這段時間，對方就無法理解。你無法想像，員工在聽完老闆一個最簡單的指示之後，常常會互相詢問：「剛剛他說了什麼？他想要我們做什麼？你聽懂了嗎？」如果（糟糕的）老闆剛好聽到，他們通常會暴跳如雷：「你們都這麼笨嗎？」不，員工並不笨……所以老闆應該說「喔，抱歉，那麼現在再講一次，我會講慢一點，讓大家能寫下來」嗎？不，是讓大家可以思考。

讓人思考是需要時間的，請給予這段時間！

你上一次聽到或看到新聞是什麼時候？你還記得什麼具體內容嗎？這就對了，正如我說的，在電視上，時間就是金錢，一秒鐘都不能浪費。所以短短幾分鐘的新聞，充斥著大量的資訊，而且還是無間斷地播放。正因如此，沒有人能記住這些內容。如果科學家在新聞之後，測量人們的記憶效果，會發現實際上幾乎為零——除非是加州沉入海中、美國總統和教宗結婚，或是發生其他的大災難。

新聞顯然不是為了人們得知訊息或獲取資訊，而是為了讓人在五到十五分鐘內，盡快忘掉當天最重要的事情。這在廣播中的路況報導尤其適得其反：幾乎沒有人能記住這些內容，連那些路上塞車的人也記不住：「剛剛那個人在廣播裡說了什麼？哪條高速公路封閉了？是我們這條嗎？他剛剛說了A７嗎？還是A17？他剛剛說哪個出口？哪個行駛方向？」在這種情況下，大家顯然都會意識到，我們的媒體並不是為了提供資訊給使用者而存在的，而是像德國作家圖霍爾斯基（Kurt Tucholsky）說的，為了提供一個適合廣告的編輯環境。大眾媒體是廣告媒體，而不是資訊媒體。

這點最近一位傳播學者，也證實了我的想法。他說：「幸好新聞播報沒有喘息的空間。想像一下，如果新聞播報中還會暫停，那每個傻瓜都會發現，這些新聞不過是些膚淺的陳腔濫調，根本沒有傳播真正的重要資訊。」這些話讓我恍然大悟：

噓……

很多愛說話的人往往不自覺地發現，自己其實無話可說，於是爲了彌補內容的空洞就加快說話的速度。

就像這句格言：「我雖然無話可說——但如果要說，就有很多話可以說！」一位新當選的市議員還信誓旦旦地告訴我，這句話就掛在市政廳的大會議廳上。一個人如果無話可說，就不該停頓，因為停頓會更明顯地暴露出他無話可說的窘境。反過來說：一個人如果還有閒情逸致去做一些刻意停頓，表示他顯然有話要說。刻意停頓很好，只有一個例外：

噓……

我們之中那些沉默寡言的人，就不應該再多做停頓了。

有一些人，得靠旁人一個字一個字地從他們嘴裡逼出話來，比如早餐桌旁的丈夫。「我老公已經刻意停頓了三年，時時刻刻。」一位備受冷落的妻子向我抱怨。對於那些「嘴巴懶得開」的人來說，不應該變得更懶於表達。但是對那些不擅言詞的人，刻意停頓提供了一個機會：那些還在學習如何說話的人，頻繁的停頓可以幫助他們避免過度緊張。說到過度緊張，你在刻意停頓期間都在做什麼呢？當然是保持沉默，但這還不夠。

刻意停頓中的表情和手勢

從演講者和簡報者身上，可以清楚看到：當他們刻意暫停時，會做什麼呢？沒錯，他們會與聽眾進行眼神接觸。研究顯示，相較於演說者的論點，這種反覆的眼神接觸，更能增強聽眾對演說者的信任和好感度。這一點令人驚訝，但又合情合理：

噓……

單靠言語，很難讓人信服。表情和動作對信任和好感度的影響，遠遠大於實際論證。

讓我們回想一下：語言並不是人類最早的溝通方式。數千年來，人類都是用哼哼唧唧的聲音——以及表情和手勢來進行交流。就算在今天，嬰兒在學會說話前也是如此，嬰兒的笑容可能是全宇宙最強大的溝通方式。表情勝過千言萬語。如果是使用事實論證，能發揮作用的也「僅」限於事情本身。刻意停頓給了說話者一個機會，來運用這種高效的表情和動作。那麼要怎麼運用呢？

- 在停頓時，始終輕輕微笑！不要咧嘴大笑。
- 始終保持眼神接觸，不要皺眉或瞇著眼睛。
- 保持敞開的身體姿勢：不要雙臂交叉，也不要半轉身。
- 用手勢來強化最後幾句話。
- 小心在說話停頓時重複且無意識的手部動作：抓頭、撥開額前的頭髮、用手指把玩筆或其他小東西，許多演講者都有這樣的習慣。

表情和動作的儲備

看著我的眼睛

如何用手勢來強調刻意停頓呢？比如你可以手掌朝上，向著觀眾輕推：好像把你的論點放在手心上遞給他們。如果兩隻手一起做，效果會更好。你現在不用馬上做，也不用對著鏡子練習——不過這其實是個不錯的主意。我只是想要強調，在你進行刻意停頓時，身體的動作有多麼重要。觀察優秀的演講者，然後自己嘗試一下，用哪些肢體動作和表情，才更能傳達你要表達的內容？這是一個重要的問題。

看著你說話對象的臉，有時會驚訝地發現：對方的表情僵硬，似乎停留在單一的情緒上。特別是在一些公司高層的財報新聞發布會上，這種現象尤為明顯。當然這位先生想要顯得「嚴肅」——這是所有內心自卑的高層想展現的形象。而觀眾得到的感受，也是如此。

噓……

如果一個人努力保持嚴肅面孔長達一小時，臉部二十條肌肉還固定在一種表情上，那他看起來不僅不嚴肅，反而像打了肉毒桿菌的僵屍。

表情停頓

人偶爾也需要在表情上做個停頓！這是需要學習的，並非與生俱來。這是一種能力，一種有意識地運用自己表情，具體表達出各種情緒和意圖的能力。大多數人甚至沒有想過自己在說話時，臉部的表情是什麼樣子。這樣能被稱為「萬物之靈」？一個連自己臉上的表情都沒有察覺的生物？

我認識一位高層，他最近在工作上犯了不少錯誤，當然也有運氣不好的成分。但是他的公關形象非常好，絕大多數人都原諒了他，甚至連監事會和員工們也是如此。幾乎沒有人知道為什麼，但我知道。

這個人有一項天生的本領（還被我在輔導中強化），你應該看看他說話時的臉，他的臉上反映出所有的情感、所有的想法，有如一本敞開的書。他把這一點發揮得生動活潑，而且活潑到讓人覺得親切——這是人類的天性；我們會對一個親切的人更加寬容。這和那些面無表情、滿臉皺紋、解雇五千人時眼睛都不眨一下的典型高層，形成鮮明對比。表情塑造了一個人，沒有表情，就沒有人味。因為表情對於不擅長的人來說，模仿一些榜樣會比較容易，這裡有幾個例子：

- 一位部門主管對他的員工說：「是啊（停頓，輕輕搖頭），如果下個季度還是跟上個季度一樣（停頓，深呼吸），那就有可能裁員。」（長時間停頓）他緊抿雙唇，兩手攤開（我能怎麼辦呢？），並注視每個人的臉：「我很清楚這對你們意味著什麼。」順便一提，這位部門主管告訴我，他曾對著太太練習過這段話，因為太太對他說：「你每次宣布壞消息都這麼冷酷！你能不能表現得人性化一點！」
- 專案經理對團隊成員說：「唉呀，怎麼會這樣？（停頓，揚起眉毛，但帶著微笑），你們無法如期交件嗎？（停頓，友善地微笑，抓抓頭）那我們現在該怎麼辦呢？（停頓，帶著疑惑的眼神，雙手交疊在胸前：我們是同一國的）」這位專案經理告訴我，他用這種「招數」，比起責備或呼籲，能獲得更多的讓步。我不認為這是一種招數，他所傳達的訊息，比起冷冰冰的呼籲：「振作起來，我們需要準時完成這一大堆工作！」更有效，也更能引起共鳴。

• 業務主管：「唉呀（停頓，將右手放到後腦杓），這對我們的打擊很大啊（停頓，手從後腦杓移開，在胸前握拳），但我們可以撐得住。」在員工眼中，這位業務主管特別能激勵人心。有很長一段時間，我都搞不懂為什麼。他其實並不算很會說話，也不是一個特別出色的業務員。直到我注意到他的肢體語言，才恍然大悟。肢體語言確實比言語更能傳達意思。

看看四周吧！你看到的那些表情和手勢，真是貧乏至極。上帝賦予人千變萬化的肢體動作，我們卻讓雙手垂在身側，猶如枯枝？在漫長又枯燥乏味的日常生活中，人類竟然只學到這麼一點東西。如果能在刻意停頓、表情和手勢上投入一點心思，你的成功會相當驚人。尤其是當你想表達「不」的時候，可以不用說話就做到嗎？

說話不用言語

有的時候，我會對人們的吵架感到驚訝。那些用言語吵架的人，居然連他們的母語都還沒有完全掌握。

噓……

吵架不用言語，會更愉悅，也更有效果。

當別人說話的時候，等於是強迫你進行一次刻意停頓。一次說話的停頓，而不是溝通的停頓。如果你同意對方的觀點，就利用這個停頓做出贊同的表情和動作。關於這點，我就不多說了，每個人都知道該怎麼做。然而，當你不同意對方的觀點時，就會出現一個很好的時機。你可以插話，挑起爭端，但我覺得這樣做很粗魯，也很不聰明。如果要用言語反擊，我隨時都可以，但是首先，我會嘗試用非言語的表達方式。

以下每一個身體訊號都能傳達拒絕的意思，你可以單獨或結合使用。你發出的訊號越多，效果就越強。這不僅取決於你拒絕的強度，有時對方可能對訊號比較遲鈍，這個時候你就應該結合多種訊號：

以非語言的方式傳達拒絕

- 眉毛揚起，做出「瞠目結舌」的表情。
- 嘴唇緊抿。
- 雙臂交叉在胸前。
- 中斷眼神接觸，目光游移。（「我在撤回對你的注意力——你要重新贏得我的注意！」）
- 目光無聊或厭煩地望向天花板。
- 眨一下眼睛。
- 身體半轉向，背離說話者。
- 默默張開嘴，同時揚起眉毛。

你還能想到哪些表示拒絕的手勢和表情呢？相信我們或多或少都會不自覺地使用它們。我的建議是：有意識地運用這些非語言的拒絕訊號。這很有效，而且不像言語爭吵那樣會傷害你的人緣。

用沉默引發反應

經驗豐富的談判者常常會做一件事：當談判的進展不如預期時，他們不會火力全開，上演一場反駁和「說服的藝術」。他們只會默默坐著，用懷疑的眼神看著對方，沉重地搖著頭——這樣的動作通常會迫使對方做出反應，而且這總比讓對方繼續照原來的想法進行下去還要好。

聽起來很簡單？其實不然。我在研討會上經常進行模擬談判的角色扮演遊戲，遊戲規則很簡單，但總是會給每一方休息時間，但幾乎沒有人會利用這個時間。有些團隊寧願戰到最後一兵一卒，也不願暫停一下來重新調整自己。為什麼呢？這也難怪人類學家會稱人類是「訓練有素的猴子」。只要你和一個人說「來談判吧」，他就會開始談判。

即使是諾貝爾獎得主，也很少會想到他們可以採取相反的做法。人一旦陷入談判壓力的狹隘視野，就不會再想到要暫停。這就像一個初學者下棋，不會利用思考時間，而是一味地急著下子。談判中間的停頓，就是專家的沉默，而且只有專家才會利用這個停頓（請參照第6章）。

遺憾的是，西歐人在這方面處於文化劣勢：喀爾文主義的工作倫理不容許休息，尤其是為了思考而休息。在其他國家，刻意停頓的文化發展得更為成熟。比如在中國，許多談判似乎更像是由停頓和中斷所組成，而非「嚴肅」的對話。西方人很少意識到，停頓和沉默往往更加嚴肅和有效。一旦他們意識到這一點，通常自然而然就會變成頂尖的談判高手，領先其他人。但很少有人知道，這是一種停頓的藝術。如果有人知道，就能做到，很合理，不是嗎？有時候我會覺得，許多人即使知道這個道理，也做不到，這與西方人對於「強大」的理解（誤解）有關。

強者不語

智者斟酌其言

你看過印地安人電影嗎？當年輕的戰士在部落會議上唇槍舌劍時，偉大的睿智酋長總是靜靜坐在一旁，直到所有人都宣洩完畢、爭到口乾舌燥、耗費了精力和無數的言詞，終於出現眾所期待的靜默時，酋長才會開口，說出幾句精闢的話——事情就此定調。當然這是一種刻板印象！但刻板印象之所以存在，是因為它們誇大了我們都希望看到的事物。比方說，在這裡就是偉大與睿智的領導者。現在幾乎看不到這種人了。如今我們的（男性）領導者總是事事參一腳，小題大作、無事生非、到處口沫橫飛地說話。為什麼會這樣呢？

令人尷尬的上司

為什麼這些應該帶領我們的人，在關鍵時刻卻無法閉上嘴巴？因為這些人大多還是男性，而男性並非真正的領導者（即使他們有著領導頭銜，並因此而領薪水）。他們更擅長自我展示，是天生的自我表演者，這也是女性主管在會議上經常感到不耐煩的原因。到目前為止，每一位女性主管都曾對我表示：「我們開會總是開得很久！半小時內就能說完的事，每位在場的男同事都要用自己的話再說一遍。」公司的精神就是：這句話大家都說過了——只是還沒輪到我說！當然講出來也沒什麼用，但確實能突顯自己的存在感。至少愛說話的人是這麼想的，而且在男性之間確實如此。女性則覺得這種行為很愚蠢，完全是在浪費時間。

並非所有男性都是如此。確實有一些男性領導者，和任何理性的女性一樣，對這種無聊的會議戲碼感到厭煩。最近，有位中小企業的總經理就實施一項前所未有、甚至可說是革命性的會議規定：「我們不再長篇大論，從現在開始，對於議程上的每個議題，只允許提出四個問題：我們要做什麼？目的是什麼？由誰來做？需要多少成本和資源？」會議中的女性都鬆了一口氣，紛紛對這位領導者投以讚許的眼光。然而，這位領導者忽略了他的跟班小羊們的反應。小羊們大聲抗議：「但會議不能這樣縮短啊，總得把背景交代清楚，特別是每個部門的主管都應該有機會對每個議題發表意見！」啊哈，這樣一來就更清楚顯示為什麼管理者要開會：不是為了推動公司發展，而是為了意見交流。如果是女性這樣做，就叫做「八卦時間」，但這樣說好像有點貶義！換成管理者這樣做，就叫做「會議」。為什麼管理者要這樣做呢？

噓……

如果你對這些管理者感到驚訝，不妨問問自己：是什麼驅使一個人想要有部屬。

一個「普通人」只要安靜工作就會感到滿足，而一個管理者卻需要下屬才會覺得舒服，因為他要藉此行使權力。如果剝奪了他自我表現的機會，他就會感到很受傷，因為這削弱了他的自我認同。反過來說，沉默的人展現了領導能力，只有能力不足的領導者才會滔滔不絕。一個強大的管理者不需要說很多話，他只說該說的話——然後就結束。

管理上另一個常見的問題，就是過於片面地強調事情本身。我經常接到管理者的邀請，去指導他們的溝通行為。每次會議結束以後，我都不得不告訴他們：「會議開始三分鐘之後，就沒有人在聽你講話了。聽眾只是坐在那裡張大嘴巴，完全狀況外，你難道沒有發現嗎？」很多人會回答我：「當然注意到了啊，但如果我要等到所有人都聽懂，那事情不就辦不完了嗎？」啊哈，這就是有名的「事情說」。對於這樣的管理者，我很想告誡他們：

你們主要不是在談論事情，而是在說話，並希望能和人說話。

只要記住這句話，就會不自覺增加停頓、刻意的停頓、增加理解的停頓。理解需要停頓、偶爾需要一段時間的沉默，好讓剛剛說過的事能「消化」和沉澱。

理解和理解能力只有在沉默中才能形成，而不是在說話中。就像嬰兒一樣：到了晚上，他們的大腦會處理白天所蒐集的種種印象，大腦就是這樣運作。如果沒有考慮到這一點，就無法理解人類的思考機制——這裡的理解是指真正的理解。我們都了解手機怎麼運作，卻不了解大腦這個位於兩耳之間的器官是如何工作的？拜託，請給思考一些暫停時間吧。不這樣做的人，就會自食其果，其他人會自動選擇忽略他。

驚人的例子

強大的領導者保持沉默，沉默會使他們的員工變得強大——可以說這是透過沉默來賦予力量。我在一家製造業公司親身體驗到這種驚人的效果。起初，我先到一個部門，該部門主管在出問題之後，進行了常見的訓話：「怎麼會發生這種事？這是誰幹的？當然了，又不會有人承認！我們要怎麼解決這個問題？不知道？我就知道！我又得自己來做！」身為感興趣的旁觀者，我注意到：

噓……

一個主管如果無法保持沉默，所有人都會受到影響：公司、員工，尤其是主管本人。

這名部門主管在罵人時和罵完之後也覺得不太舒服。下午我去了另一個部門開會，一個員工打斷了會議，他抱怨說：「窗邊那台CNC機器又出現了系統訊息74！又來了！我們要怎麼辦？」主管什麼話也沒說，他刻意停頓了一下，轉向這位員工，面帶微笑，期待地揚起眉毛。員工說：「對喔，我又忘了：先做系統檢查，然後叫穆勒來修理，接著打電話給維修部門。沒問題，我馬上去做。」直到這時，主管才開口：「太棒了，完全正確。如果一直保持這樣，你很快就可以接手這個部門了。」

沉默是教育

這名員工得意洋洋地走了出去，我也停頓了一下，疑惑地看著主管。主管說：「一開始我並不是用這種方法，我花了三年的時間，每週至少重複同樣的事情二十多次。當我發現這樣做徒勞無功時，就決定保持沉默，逐漸減少給出的指示，最後完全不用說話。」

他越沉默，員工就越會獨立思考——直到他用沉默把他們都訓練成獨立思考的人。這真是很強的一招，適合很強的主管。

這樣基本概念都清楚了嗎？那就來談談進階版的沉默。

進階版的沉默

沉默是一種非常細緻的工具。沉默的意思不光是不說話、停頓，事實上，我們甚至可以在說話的時候保持沉默。這可以透過選擇性的沉默，也就是說，在溝通中只針對某些特定方面保持沉默。讓我們來看看一個典型的衝突過程：

會計部門主管：你瘋了嗎？你不能這樣做！

生產部門主管：你以為你是誰？你沒資格對我指手畫腳！

會計部門主管：我們從來沒有這樣做過，你憑什麼這麼做！

生產部門主管：我的工作要怎麼做，還輪不到你來教！

諸如此類，無論是觀察或親身經歷，我們都常常碰到這些。他們到底在爭什麼呢？你不知道嗎？我也不知道。我敢打賭，五分鐘之後連他們自己也不知道在吵什麼。這樣一來，他們就完美符合了一段美好婚姻的先決條件……現在讓我們來看看同樣爭吵的另一種版本。

會計部門主管：你瘋了嗎？你不能這樣做！

生產部門主管：請問一下，你究竟是哪一點不滿意？

會計部門主管：這張訂單上完全沒有預先計算，這真是太離譜了！老是要我們替你們擦屁股嗎？

生產部門主管：這張訂單和上次那張一模一樣，我已經在這裡標註了，你不能直

學習是值得的

小小的差異，造就巨大的不同

接套用之前的計算嗎？

會計部門主管：如果大家都這樣做，那還要我們做什麼？難道你以為公司是你家開的，想做什麼就做什麼？

生產部門主管：不能通融一下嗎？

會計部門主管：不行，呃，也不是不行吧，唉，我也不確定。我下面的人老是看漏下面的標註！但你們總是這樣，每次都要我們來替你們收拾爛攤子。

生產部門主管：如果我把標註寫在最上面，字體放大，還改成紅色，你們的承辦人員會不會比較容易看到？

你有注意到這其中的差異嗎？當然有差，但到底差在哪裡呢？差異就在於進階版的沉默、在於細緻的沉默。在第一次的對話中，生產部門主管接受了會計部門主管的挑釁，他明確表達了自己的立場，接受了這個「和我一起生氣吧」的遊戲。而在第二個例子，他對這個邀請保持沉默。他一貫且堅決地無視會計師的挑釁，面對會計師的所有無理和指責，他始終保持沉默。他講東講西——唯獨對於會計師的所有激烈情緒，他卻選擇沉默。或許是咬著牙忍下來了，但鐵面無私又堅持不懈。你覺得自己做不到這一點？你看，這就是為什麼這是一種進階技巧。

這不是一蹴可幾的事情，但是掌握這項技巧絕對值得，我認為這是最值得投資的技巧之一。想像一下，這能為你帶來多少好處：再也不會被暴躁的上司氣得半死！再也不會被討厭的客戶搞得心煩意亂！再也不會被同事的小把戲陷害到！聽起來很棒吧？所以，學這項技巧需要什麼？一副好耳朵。

噓……

需要一對訓練有素的耳朵，才能從粗魯的言詞中聽出真正的事實內容。

你沒有這樣的耳朵嗎？沒關係。既然稱為「訓練有素的耳朵」，那只要稍加練習，你就能擁有這樣的耳朵。我認識一些人，他們只練習了幾天，就再也沒有人能挑釁他們了——因為他們可以一直忽略溝通中的無關內容。他們對這些內容充耳不聞，而且能堅持沉默。

對於沉默的人來說，這個效果簡直是天上掉下來的：一種天堂般的從容。例如：好的祕書都擁有這樣的耳朵。當我問她們，剛剛才被一個暴躁的老闆訓斥了一頓，而她們卻能夠保持完全地冷靜時，她們通常會回答我：「什麼？我根本什麼都沒聽到，我只聽到工作內容。」

更高段的進階者，將這種令人讚嘆的能力推向了更高的境界：

噓……

能專注於言詞中事實內容的人，接下來也可以將感情和婚姻關係的內容納入考量——並決定對哪些內容發表意見，哪些內容保持沉默。

在我們的例子中，生產部門主管本來可以說：「哇！這似乎讓你非常激動！」這樣一來，他就對會計師的情緒表達了立場，卻對事實內容保持沉默。可以肯定的是：誰能如此靈活地保持沉默，就不會再被任何人的言詞激怒。要達到這種境界，需要練習，比如透過朗誦練習。

有的時候在隨意發言時，很難學會在適當的地方停頓，朗誦練習對此很有幫助。這種練習很理想，因為你不用同時考慮如何措辭，可以專注在自己說話的節奏。

對自己有耐心一點

Try!

選一本你還算感興趣的書，找一個安靜無人打擾的房間，隨便翻到一頁有趣的內容，然後用正常的說話音量朗讀出來，你甚至可以從這一頁開始讀這本書。接下來你該做什麼呢？沒錯，就是朗讀，同時盡可能地在適當的地方刻意停頓。每個主要句子結束時停頓，在每個「和、以及」之前停頓，每個逗號之後停頓，在每個你需要思考、並且預期感興趣的聽眾會有所期待的地方停頓。仔細觀察自己。

一開始，你會發現自己讀得太快，停頓的地方太少；讀完前三句以後又開始「趕下班」，就像德國施瓦本地區說的「Hudeln」（急就章、草草了事的意思）一樣。同時你也會注意到：大多數的句子和文本都太長了，包括本書的一些句子也是如此，這並不奇怪，因為這本書主要是寫給人閱讀，而不是寫給人朗誦。如果這本書是寫給人朗誦，這裡可能會寫成：「因為這本書是寫給人閱讀。不是寫給人朗誦。」（注意到了嗎？不同的句子結構：後者是兩個句子，而不是一個長句——多了一次大停頓）。

噓……

使用書面語說話的人，往往無法被理解。
書面語和口頭語是不同的，
口頭語比書面語有更多的停頓，因此更容易理解。

一位董事會的成員給了我很棒的回饋，這位經理說：「我以前也是那種滔滔不絕的人，如今在社交場合我還是如此。以前只要一碰到生意，我的表現就糟透了！」他統計過自己的發言，發現每講七句話，他最多才會停頓一次。他笑著說：「現在我停頓的次數比說話的句子數還要多！」

當然這不用斟字酌句去計較，他的意思是：以前的他講話滔滔不絕，現在的他保持沉默，只有在關鍵時刻才會用仔細推敲過的句子來打破沉默。他認為這讓他的溝通效果提高了一倍。況且，他之前的溝通能力已經不差了……

如果你想從某人那裡得到什麼，
就先給他一個停頓的機會！

最近，我聽到一個十歲的小女孩對她媽媽說：「媽媽，我們的數學考卷發下來了。」我原本打算把注意力轉移到別的地方，突然心中一驚，心想這個小傢伙在搞什麼鬼？該不會小小年紀就會刻意停頓吧？沒想到還真的是如此。經過了大約像一輩子那麼漫長的五秒鐘之後，她才繼續說下去，我已經不記得她告訴媽媽她考幾分，這其實並不重要。今天會讓我如此驚豔，是因為事後我跟這個小女孩聊起，她在這麼小的年紀就有如此出人意表的溝通行為時，她用真誠的眼神看著我回答道：「媽媽剛剛在忙別的事，如果我這時候說話，她要麼沒聽到，不然就只會惹她生氣。所以我等到她心思在我這裡的時候，我才繼續說。」

這對於考試的兩種結果來說，都是很聰明的策略：如果媽媽因此分心，而且成績又不好，她就會發脾氣；如果小女孩給媽媽一些時間整理思緒，至少有機會讓媽媽冷靜下來，思考過後再做出回應。如果考得很好也是一樣：媽媽如果心不在焉，她可能會說：「什麼？喔，好，加油。」任何十歲的小朋友都不應該受到這種敷衍的讚美來回應他的好成績！不過大部分十歲、二十歲、四十歲、甚至六十歲的人都會碰到這種狀況。但這個小女孩是個機靈的孩子：如果她想得到適當的回應，就會給她媽媽足夠的時間思考。

想想看：這簡直是小孩在教大人！大家不用為這個小女孩擔心，所有她應得的，她想要的，都會在生活中得到，因為她懂得如何運用自己的母語進行交流。她不會抱怨媽媽總是分心，經常心不在焉，或是不夠關心她。她給了媽媽所需的東西：思考的停頓。這可能是唯一取之不盡、用之不竭的正面資源，大家應該多多利用！

技巧摘要：給予停頓，讓人思考

✓ 專注在你說的話，同樣也要注意你說話的方式。俗話說：音調決定音樂。

✓ 更準確地說：休止符也是音樂的一部分。

✓ 理解、同情和贊同雖然也是在說話中產生，但更重要的是，說話結束後的停頓。請給予足夠的停頓來思考和理解。

✓ 在每個主要句子之後、每個「和」、「或者」之前、每個逗號後面，就刻意停頓一下。

✓ 刻意停頓的時候，保持和對方的眼神接觸，用手勢和表情來加強你的刻意停頓。

✓ 只有當你能觸動對方時，才會產生效果。暫停一下，觸動對方。

8

給我閉嘴！

如果只讓那些真正有話要說的人開口，
四周會非常安靜。

——約翰·奧思古德（John Osgood），企業主管

不反抗的人，就是在縱容這一切

你怎麼知道一位政治人物在說謊？好吧，這個笑話有點粗俗，但也可以套用在汽車銷售員、律師、銀行家、管理者、藥品銷售代表、記者和其他職業身上，因為這些職業的名聲並非總是那麼誠實。所以你怎麼知道他們在說謊呢？當他們嘴唇在動的時候，你就知道了。

能夠保持沉默的人為什麼會流傳這些笑話？因為這個世界上有苦難、貧困和瘟疫，還有多話的人。那些一開口就讓人抓狂的傢伙，滿嘴廢話惹人厭煩，而且這樣的人還不少。當一個大嘴巴開始滔滔不絕時，我們想不聽還沒辦法。有多少學生每天都希望老師能閉上嘴巴？有多少媽媽希望吵鬧不休的孩子可以停下來？有多少人希望他們的另一半能少說兩句？有多少員工希望上司能少講一點廢話？有多少上司希望員工能少抱怨一點？啊，如果他們都能閉上嘴巴，該有多好！可是就算你看完這幾頁後不再說話，周圍的世界還是吵雜不停。

Try!

你周遭還有哪些人偶爾（經常）、甚至總是用他們沒營養的廢話來煩你呢？如果需要，可以列一張名單，並列出排名順序。允許這些伴隨而來的負面情緒浮現。這些討厭鬼究竟是用什麼方式惹你心煩的？他們是怎麼做到的？爲什麼他們的語言失控症會讓你這麼反感？

如果仔細聆聽，你會發現：你我的生活中沒有片刻寧靜，不管是前景或背景，總是充斥著一種白噪音。還有一些人，只要一張嘴，就能讓我們血壓飆升。當然話多的人也會害到自己：沒有人會喜歡一個講個不停的人，儘管這種人如今如過江之鯽。不過「話多害人害己」這件事，對受害者來說，也只能拿來自我安慰。我經常被問到：「我一定要忍受嗎？我非得容忍嗎？他們可以這樣對我言語轟炸嗎？」每次有人這樣問我，我都覺得有點震驚，因為答案再明顯不過了：

噓……

沒有人可以打擾你。
但如果你不反抗，一切都不會改變。
不反抗的人，就是在縱容這一切。

如果一台很吵的收音機打擾到你，你會關掉它，因為它是干擾源。人也一樣，也會成為干擾源——問問那些在婚姻關係或家庭裡生活超過七個月的人就知道了。我們要如何應付這些人類干擾源呢？當上司又開始談論一些他明顯不太懂的事情，你會怎麼做？你會生氣，然後呢？

為什麼小孩和上司都是小霸王？

有一本國際暢銷書探討：為什麼這個時代的許多孩子變成了愛發脾氣、懶惰、愛抱怨、缺乏紀律與尊重的小霸王？這本書花了兩百頁來討論這個問題，但答案其實很簡單，這個答案也可以用來解釋為什麼上司經常會說蠢話：**因為我們默許**。孩子並非天生就是小霸王，而是後天養成的，因為家長默許。當然，這不是大人故意如此，但在孩子年幼時，往往太過於溺愛，完全忘記要教育他們。當家長發現和抱怨他們已經變成小霸王時，就已經太晚了。這一點同樣適用於上司：上司也是需要「教育」的，所以才會有領導者這樣的稱呼：他們想被領導、應該被領導、也必須被領導。只有沒有領導能力的上司才會滔滔不絕，但如果他受過別人嚴格的領導，就會變成一個人緣很好、有生產力，而且相處起來很愉快的人。這同樣也適用於員工，因為他們和管理者一樣，必須經常在缺乏有效領導的情況下工作。

噓……

教育你的上司！這樣你才能和他愉快共事。

這個指示經常會引發激烈地反抗：「但我為什麼要這樣做？為什麼上司沒有發現自己在胡說八道？他不是上司嗎？他領老闆的薪水，不就是因為比我更懂嗎？」或者：「為什麼我的孩子不會自己整理床鋪？其他孩子都會啊！為什麼只有我的孩子不停頂嘴？」當然，覺得偏偏是你的孩子、老闆、另一半、員工、同事、地方議員、國會總理、牧師、稅務顧問、汽車修理師傅、網球教練、律師、麵包店店員、計程車司機……在胡說八道，這很不公平，也很讓人生氣。而且除了自己原本的負擔之外，你還得應付這樣一個愛講話的傢伙，真是雪上加霜。但儘管如此：

噓……

西方國家的衰落並不是因爲那些愛講話的人，而是因爲沒有約束他們。

這都是因為我們太常依循「聰明的人要懂進退」這樣的原則行事，這是一句相對愚蠢的諺語。就像奧地利作家艾森巴哈（Marie von Ebner-Eschenbach）所說：「聰明的人讓步，造成了愚人統治世界。」英國人也犯了同樣錯誤，他們主張：「樂於忍受傻瓜！」真想對著英吉利海峽喊，當一個聰明人樂於忍受一個傻瓜時，就會造成兩種效果：愚蠢的行為和苦難會持續不斷，而且加劇。既然我們引用了名言，再來看看這一句，德國著名靈魂樂歌手奈杜（Xavier Naidoo）說得很對：「如果我們不改變，就什麼都不會改變。」想改變的人，就必須先改變自己。當然這需要付出努力、會帶來壓力，也會有額外的煩惱。但這也充滿樂趣，比起無視那些多嘴的人或默默忍受，這一定有趣多了。

我曾在一場有關全球經濟危機的演講中，體驗到了一絲這樣的喜悅。台上那位經濟學教授危言聳聽，把情勢描繪得有如末日降臨。他談到即將到來的大規模裁員和社會體系的崩潰，並預測德國的生產毛額將下滑六%，有如一場大災難。當每個人都渴望末日來臨可以躲在家裡的時候，意想不到的事情發生了：有位聽眾站了起來，舉手說：「我就是你預測即將崩潰那個產業的一員。我是個中小企業老闆。如果國內生產毛額下降六%，我們就會回到五年前的水準。如果我沒記錯的話，五年前我們的生活也不差。」

觀眾爆出如雷的掌聲，並不是因為這位中小企業老闆講得有多精采。事實並非如此，而是因為大家已經默默暗譙這位演講者至少二十分鐘了，現在終於有人出來主持正義，因為他至少讓大家有一分鐘的時間，擺脫這位胡說八道先知的壓迫。這位教授之後雖然依舊泰然自若地演講，但已經沒有人認真聽講了。套句錢德勒的話：「空氣中充滿了快樂的氣息」，反抗那些愛講話人的壓迫，感覺就是這麼爽。

噓……

我們無法每次都阻止猴子掌控整個動物園，但是當牠們索取鑰匙時，我們可以給牠們幾根香蕉，至少能保住心靈平靜。

自己的安靜，自己救！

凡是坐過瑞士火車的人，再也不會想搭德國的區間列車。瑞士的火車如此現代、乾淨又舒適。但是瑞士的鐵路高層，後來犯了一個罕見的大錯。

多年來，瑞士的火車設有靜音車廂，裡面禁止會響的手機、吵鬧的孩子、收音機、隨身聽或任天堂。這裡就像在圖書館一樣：請保持安靜！這樣乘客可以安靜地旅行、休息、用筆記型電腦處理公事、閱讀或欣賞窗外的風景。體會過這一切的人，一定會懷念那種自我思緒在遠方的背景中、靜靜欣賞窗外不斷變換風景的獨特享受。瑞士鐵路管理高層宣布將要取消靜音車廂，這項宣布在這個樸實的阿爾卑斯山國家引發了一場前所未有的抗議風暴。這場風暴之猛烈，從威廉．泰爾（Wilhelm Tell，瑞士傳說中的英雄）時代以來在這個國家都很少見到，這是一場充滿智慧的抗議。

一位電台聽眾打電話詢問，取消靜音車廂，瑞士鐵路是否打算隨車票附贈耳塞當補償？另一位聽眾則開玩笑地問：是不是很快就會有人拿著槍逼迫大家購買頭等艙的車票了？瑞士鐵路的高層完全沒有預料到，他們的乘客會如此強烈地捍衛自己的安寧權益。

噓……

自己的安靜，自己救！

每次搭計程車，只要音響傳來的噪音讓我感到煩躁，我都會請司機把廣播關掉或換個頻道。我搭計程車的頻率很高（因為我經常搭火車），但是到目前為止，還沒有遇到任何一位司機對於我的請求有負面反應。我並不是無理取鬧，也不會直接說：「把聲音關掉！」我會禮貌地請他們體諒一下我已經很疲憊的神經，找些比較輕柔的音樂，或是乾脆關掉收音機。

當然，製造噪音的人要為自己的噪音負責，他們應該意識到自己正在製造噪音。沒錯，但這只適用於完美的世界。在一個可笑又不完美的世界裡，你我卻必須為自己的壓力指數負責，這才是不應該依照「聰明的人要懂進退」原則，一味容忍那些噪音污染者的真正原因。因為在這種情況下，聰明的人就是那些承受壓力的人。噪音就是對身體的傷害，我們應該要進行抵抗。

我認識一位媽媽，最近她把兩個一天到晚吵架的女兒（分別是十歲和十二歲）趕出廚房，因為她們正在吵誰可以吃早餐桌上的最後一個麵包。這位媽媽說：「我想要我的廚房裡充滿和諧，所以妳們要吵，去車庫吵。等妳們找到解決方法再回來。」幸

噪音就是壓力

安靜是你的權利！

好，她的丈夫站在她這一邊。當女兒大聲向爸爸控訴這種「不公平對待」時，他只是笑了笑，然後說：「如果媽媽沒有告訴妳們，我也會這樣對妳們說。我也想安靜地吃早餐。」

當我在一群成年人當中講述這個故事時，至少有一位中學老師、一位社會學家和三個媽媽提出反駁：「怎麼可以這樣對孩子說話啊！」這正是會養出小霸王的父母提出的反駁。這些父母雖然並非有意養出小霸王，但真的養出這種孩子的機率卻比較高。沒有人主張體罰孩子或剝奪對他們的關愛。這位媽媽的呼籲是出於愛心，請求別人讓她安靜片刻，但她還是說了重話。這樣做是為了讓孩子明白，她們並不是世界上唯一的存在。這樣她們才能學會同理心和合作精神，成為一個有社會意識的人，而不是小霸王。

噓……

如果不爲自己爭取安靜的權利，還有誰會爲你爭取？

對於這個例子，第二種、也是較為聰明的反駁是：「我的丈夫不會這樣做。他不會挺我。」我問案例中的這位媽媽，如果丈夫不挺她，她會怎麼做。她說：「那我就離開廚房，到電視機前坐一整天。看看沒有熱飯吃，他們三個人能撐多久。」這媽媽很不近人情嗎？讓我驚訝的是，這個媽媽居然把廚房的安靜和諧看得這麼重要。

黃金誠可貴，安靜價更高

在我們這個過度熱鬧、步調飛快、噪音充斥的時代，要找到一分鐘的安靜比得到一盎司的黃金還要困難。想得到安靜，就必須積極爭取。雖然這不必使用暴力，卻需要極大的決心。一位擔任經理的爸爸告訴我，醫生診斷他患有急性壓力症候群，開給他的處方是每天二十分鐘的自律訓練，於是他報名了社區大學的相關課程。之後他打算每天下班後，都在自己的小書房裡進行這二十分鐘的自律訓練。但根本做不到，最多兩分鐘，他的太太或小孩就會來找他，有事要他幫忙。

在輔導的時候，他說：「那就算了吧！」我走出房間，門沒有關，沿著走廊走了幾步，突然轉身衝了回去，給他一個當頭棒喝：「你寧願在三個星期內就累垮，也不願爭取自己安靜的權利嗎？」第二天他召開了家庭會議，解釋了情況，並且說：「整個晚上我都會陪著你們，只有這二十分鐘不行，當我門上掛著這個牌子時，請不要打擾我。」牌子上面寫著：「除非發生流血事件，否則請勿打擾。」這也是一種辦法。

噓……

不要等待世界安靜下來，
要主動爲自己創造安靜的環境，
制訂安靜的規則，並讓周遭的人遵守。

每個圖書館、每間教堂都有類似的肅靜守則，這位忙碌的經理爸爸也制訂了這樣的規則。雖然在接下來的幾天當中，他還得提醒三、四次，但現在他終於能安靜下來了。當然，孩子很可愛，太太也真的需要他，但這些製造噪音的人即使再怎麼可愛，理由再怎麼正當：**如果你需要安靜，你就是需要安靜！**

這就是問題的核心所在：

噓……

我們太輕易就把自己的生活領域拱手讓給了噪音源。

我們應該停止這種妥協。我認識一位老師，他教了一個特別吵鬧的班級，儘管他一直不斷要求安靜，但都無濟於事。後來他乾脆什麼都不說了，就站在那裡，靜靜看著整個教室。他描述：「我就看著對面教堂的鐘，整個教室花了六分鐘才安靜下來。」然後他說：「如果你們吵鬧，我就安靜。只有當教室安靜下來，我才會繼續講課。如果因此教不完，那也不是我的問題，考試還是考全部。」接下來怎樣了？沒錯，全班有如地獄一樣吵鬧了整整三分鐘。然後學生突然意識到老師是來真的，可是最精采的還在後頭。

這位老師果斷的做法在同事間傳開，這些親愛的同事並沒有拍手叫好，反而義憤填膺。一位同事在內部會議上說：「你不可以這樣，他們還只是個孩子啊！」五分鐘後，這位同事又抱怨說，他的課程教不完，因為他的班級實在太吵了。

會被噪音源搞得壓力大的人，只能怪自己。

不要讓這種情況發生在自己身上。不過，要用聰明的方式去處理。

給猴子甜頭

製造噪音的人很煩，但如果你生氣地回應，反而會激起對方的反抗心理。所以，不要生氣，要聰明應對。

一位單親爸爸告訴我：「我八歲的女兒每天放學後，就會一直唧唧呱呱，講到我耳朵都要長繭了。只要聽個五分鐘，我就要抓狂，心快爆炸了。但如果我叫她閉嘴，她一定會生氣，而且這也是人之常情。」

所以有一天晚上，他實在忍無可忍，就對女兒說：「寶貝，爸爸今天工作很累，我知道妳有很多話想跟我說，不過我想先看看報紙，讓自己的神經放鬆一下。如果妳可以十分鐘內一個字都不說，之後我們就可以聊聊妳想說的所有事。看看時鐘，妳做得到嗎？」

孩子把這當成一場挑戰，想證明自己可以做到。如果直接禁止孩子說話，是很愚蠢的，非但不會得到安靜，反而引發爭吵。把它變成一場比賽，才是更聰明的做法。但這招對於愛碎碎念的上司就不管用了嗎？誰說的？

某家設備製造商的出口部主管以他冗長、毫無營養的開場白聞名，總是在專案開始前，就耗盡了專案經理的耐心和時間。最近，他又開始了招牌的長篇大論，但才講三句話，就被一位專案經理打斷：「感謝你的建議，我相信你對我們這個專案還有許多很好的想法。不過如果我先擬個初步的規畫，就更能將這些想法整合進我們的方案中。我建議這樣：我來做個初步規畫，然後我們一起討論，再把你的想法加進去。」這位主管完全傻眼了，同意了這個提議，原因有二：

- 愛講話的人沒想到他們的受害者會反抗。
- 愛講話的人並不是為了講話而講話，而是為了受到關注。如果給予他們過多的關注，他們反而會安靜下來。

身為教練，我對此深有體會。在某些研討會上，總會有這麼一個人，嘴巴閉不起來，把自己當成助理教練。不是因為他有什麼見解要說，恰恰相反，他只是想獲得關注。所以我會給他關注，誇獎他的言論。要誇獎一個人的廢話，確實很難，但聰明人即使在一大堆胡說八道中，也能找出一絲真知灼見。以下是一個企業界例子。

一位機械製造商的品管主管曾經告訴我：「我們的採購主管對業務一竅不通，卻能坐上董事會，只因他是老闆的小舅子。他只會講一些沒營養的話，拖長每次會議的時間！」當總經理要他少講一些無關緊要的話時，他就會勃然大怒，然後長篇大論地解釋自己那些胡說八道有多麼重要。

舉例來說，當公司要拓展市場時，他會說：「換成是我，才不會這樣做！太冒險了！我們可能會摔一大跤！」大家都一臉疑惑地看著他，心想：這怎麼會風險高，這位小舅子到底在反對什麼，還是大家真的都忽略了什麼具體風險。就在小舅子長吸一口氣、準備講一堆空洞又沒營養的話時，品管主管突然靈機一動說：「完全同意！你說得太對了！我們一定要非常謹慎。我想，我們的銷售主管已經在他的方案中充分納入你的建議了，能不能請他來說明一下？」

這位小舅子眉開眼笑——終於有人懂他了！其他人也跟著笑，因為他們也懂了：只要給小舅子一點甜頭，他就會閉嘴，反對只會讓他更加長篇大論，訴諸理性更會讓他大書特書，只有關注和認可才能縮短他的話。

噓……

人會講個不休是出於特定動機。通常是爲了獲得關注、認可、讚美、證明自己才是對的，或者以上皆是。只要滿足這些動機，愛講話的人就會安靜下來。

這個簡單的方法，甚至在荒誕的情境下也能奏效，幾乎不會因為太誇張而失效。相反的：越誇張，對於那些愛講話的人效果越好。

有位學員是電機工程師，分享一個案例：「我們的採購主管完全不懂技術，有一次專案驗收的時候，竟然聲稱斷開的電路會通電。」事實正好相反，電路閉合時才會通電，斷開時就不會通電。外行人有時候會誤以為電就像水一樣：水龍頭打開就會流出水。

這位工程師知道：「如果我這麼告訴採購主管，他一定不會承認自己錯了，反而會擺出一副高高在上的樣子。」於是他說：「是的，你完全說對了，的確有的電路要斷開才會通電，感謝你指出這一點。不過很不巧，這個電路剛好不屬於那一種，它只有在閉合時才會通電。我們要怎麼解決這個系統斷路的問題呢？我建議這麼做……」

採購主管安靜了下來，因為他受到了關注，因為沒有人反駁他。了解人性的人，很快就能創造出自己需要的安靜。

如果你現在感到困惑：這正是這個方法在誇張的情況下也能奏效的原因。採購主管只是想得到關注，其實他知道自己一無所知，所以很少能獲得「他的」工程師的認可。一旦獲得認可，他會感到非常驚訝，然後心滿意足地閉嘴。但是，正如前面所說的：這位工程師必須足夠聰明，才能把這個給予認可的方法應用到荒謬的情境中。很多人會反駁：「但他明明是錯的！」沒錯，但問題是：

肯定主管的關心，而不是他陳述的事實

你想證明自己是對的，還是想要安靜？

你可以選擇。有時你需要一場爭執，有時需要安靜。如果你想要安靜，就附和那個擾亂者吧！沒有什麼比全盤贊同，更能讓愛講話的人迅速閉嘴。老闆說地球是平的？老闆，您說得對！另一種選擇是想辦法說服他，但這樣你就無法得到安靜了。這樣做有什麼意義呢？他的錯誤觀念並不會帶來什麼實際後果。但如果真的有後果呢？即使是這樣，你也可以附和他。

一位建築承包商這麼說：「建築師最愛吵到對，尤其是那些年輕又不懂事的菜鳥，他們總認為自己比別人懂。我以前在工地上常常和他們爭論，一吵就吵了好幾個小時。到現在，那些工頭還在津津樂道當年我們吵架的事。」

舉例來說，如果一個建築師堅持要用四台抽水機來抽乾一個施工坑，但其實兩台就夠了，這位承包商就會和他爭論好幾分鐘，想要讓他認錯。但是現在，他不再爭論了：「我可不想氣出心臟病！」現在他會附和這個建築師。但是：

噓……

附和一個擾亂者——但不是他所說的內容，而是他背後的意圖。

建築承包商並不會說：「你說得對！我們需要四台抽水機！」他會這樣說——而且為了教學目的，還會特別誇張：「你完全正確！我們必須盡快把這個地基坑抽乾，越乾越好，我會搞定的。最晚明天晚上，你就可以把坑裡的地面當做砂礫地使用，這點你可以放心！」建築師聽了很滿意，也就不再深究——而承包商只用了兩台抽水機，就把整個地基坑抽乾，因為他知道自己是對的。對的人，就不需要爭論。他可以同意愛爭論的人，但仍然堅持自己是對的。這聽起來很荒謬嗎？還有更荒謬的。

有家化妝品公司的部門主管曾經抱怨，她的上司「是個控制狂」，「每十分鐘就來找我一次，我的時間都被她的控制欲浪費掉了。」幸好，這位部門主管已經識破了對方一直來找的動機：控制。

噓……

識破對方一直來找的動機，並且加倍奉還！

我請這位女部門主管花三天時間，仔細觀察上司每次來巡視的時間間隔。三天後，她打電話來說：「我的上司就像個時鐘一樣！平均每八分鐘就會來一次！而且每次的時間差都不超過半分鐘。」事情發展到這個地步，問題基本上就已經解決了。我建議這位主管，從現在開始，她也每隔七分鐘去上司的辦公室一趟，向她報告工作進度，而且應該連續做一整天。

結果，只做一個小時就夠了。之後，被她搞到精疲力竭的上司對她說：「妳瘋了嗎？又來這裡幹麼？妳沒必要事事都來跟我報告。以後我只要在專案或任務結束時，知道成功或失敗就可以了！」

為什麼上司會改變態度，不再打擾她的下屬呢？這是一個很直觀的問題，但並不是一個好問題。因為我們其實只需要關心這個方法是否奏效。如果行不通，我們就會嘗試其他聰明或荒謬的介入。為了滿足好奇心，我們可以這樣解釋：每八分鐘就檢查一次，這可能是深層不信任的表現，認為：「她想逃脫我的控制！」當下屬積極展現出她不僅沒有逃脫控制，甚至自己主動尋求控制時，上司的不信任感就會下降到合理的程度。

這種方法不僅適用於控制狂，比如有位飽受折磨的丈夫曾經告訴我，他的太太偶爾會陷入狂躁的偏執狀態：「她會告訴我，鄰居想對她不利、破壞她的花園，甚至打算擴建自己的小屋，用來堵住通往村道的共同通道——就因為今天早上鄰居沒有跟她打招呼！」他越是用理性的方法勸她不要偏執，她就越會舉出更多鄰居惡劣的證據。現在，他越來越想離婚了……想離婚的是這位丈夫，而不是鄰居。

我建議他先不要找離婚律師，改試試用荒謬的介入來應對。等到下一次太太的偏執發作時，他回應道：「是啊，我早就覺得住街尾那個鄰居很可疑了，聽說他會在滿月的時候殺小雞，還喝牠們的血呢。」當然一個正常人聽到這種話保證會大笑，但這正是關鍵所在：

噓……

愛講話的人不是理智的人，至少在他們滔滔不絕的時候不是。

所以，我們不應該像對待理性的人一樣對待他們。這也解釋了「請冷靜一點」這句常常聽到的話為什麼絕大多數時候無效。暫時性的精神官能症患者堅信自己非常理性，反而是世界瘋了。因此我們應該順著他們的想法，甚至強化他們的信念。這很矛盾，但能引發我們期望卻同樣矛盾的反應：這位偏執的太太聽了小雞血的故事之後，丈夫從她的表情中看出，她的偏執想法開始出現動搖。接著又聽了丈夫講了一、兩個關於鄰居的恐怖故事，她說：「好了，別再誇張了，她沒有這麼壞，你把她講得像個巫婆一樣！」

這當然是很諷刺：理智的丈夫居然被偏執的太太指責是偏執狂！不過這是一個理性的人為了換取平靜和內心的安寧所必須付出的代價，而這位丈夫很樂意付出這個代價。他說：「算了，忍一忍就過去了，這總比整個晚上都在跟她糾纏那些偏執的想法還要好。而且她平常也很理智，只是某週會有那麼一次，有人惹到她，踩到她的地雷。」

他算是非常具有同理心的丈夫吧？不僅如此，就算用全人類的標準，這個丈夫也是佼佼者。那麼「平常人」又該如何應對這種情況呢？

關於後設溝通：將談話本身做為話題

最近一位朋友向我請教：「我非常喜歡我的表妹，她要來我家玩了。只是自從她離婚之後，就一直不停地抱怨，已經好幾個月了。我不想整個週末都在聽她抱怨！我該怎麼辦？」

你可以直截了當讓那些討厭的多話傢伙閉嘴，就這樣說：「不好意思，我不想再談這個話題了，我們可以換個話題來聊聊嗎？」這個方法甚至對上司也有效。很多員工都曾經對上司說過：「抱歉，等本月具體的數據出來之後，我們再來討論這個話題，好嗎？」雖然不是每次都奏效，但是知道自己能保護自己的需求，就會讓人內心舒暢許多。

你也可以用非語言的方式表達。我建議那位朋友，先試著不要使用語言，每當她的表妹提起這個禁忌話題時，她應該給予無聲的反感訊號：皺眉、抿嘴、投以懷疑的目光、雙臂交叉、稍微轉身……最重要的是：保持沉默。有時候，這會很有用，只要對方沒有滿心都是自己的需求，因而忽略了這些訊號。只有當這些非語言的訊號不發揮作用時，她才應該試著用語言表達：「不好意思，我不想再談這個話題了，我們來聊聊別的吧。」但後來我開始懷疑。

遠方的親戚千里迢迢來，想要向她最親愛的表姊傾訴離婚的痛苦，結果表姊卻對她冷眼相待？的確，即使是最親密的表姊妹或閨密，也很難忍受這種長篇的訴苦。但是對於剛離婚的人來說，更加難以承受的顯然是分手的痛苦。難道不該安慰她一下嗎？

我們應該分開來看：究竟是想讓人閉嘴，還是想忽略他們的需求？要注意的是：我們可以兩全其美。表姊可以「禁止」表妹提起自己的離婚，不過她不需要一開始就這麼做，除非她自己已經壓力重重，任何額外的噪音或煩惱都會讓她情緒崩潰。

另一方面：經歷過離婚的人，不會因為一點小小的安慰就獲得滿足，他們講到自己離婚的事簡直沒完沒了。所以，是不是就應該給他們冷眼或轉移話題呢？還不需要，這應該是做為最後手段，在其他方法都失效之後才使用。在此之前，溝通一下怎麼溝通會更有幫助。

噓……

將這種滔滔不絕的情況本身當成主題來討論。

這聽起來很有道理，但大多數人偏偏不這麼做，他們犯了治療的錯誤：「別想這麼多啦！妳起碼分到了一棟房子，還有孩子，經濟上也沒有問題。往前看吧！日子會越來越好的！世界上還有這麼多好男人！」這種老生常談的安慰有用嗎？沒有。因為愛講話的人會用三個理由反駁任何好的建議。而每個治療師都能證實這一點：

噓……

精神官能症患者話多，並不是爲了擺脫他們的症狀，而是爲了獲得認可。

要麼你就認同她：「是啊，妳真是天底下最可憐的人，妳的前夫簡直是地表上最爛的人。」或者可以進行後設溝通——也就是對溝通本身進行溝通。這正是表姊對表妹所做的，產生的結果令人驚訝：

「我的前夫實在太過分了！他的律師又請求調整贍養費！」

「嗯，看來妳一直放不下這件事。」

「當然放不下！是他不肯放過我！」

「所以只有他放過妳之後，妳才能平靜下來嗎？那妳是被他牽著鼻子走囉？」

「什麼？我從來沒有這樣想過……」

「為什麼他的一舉一動都會讓妳這麼生氣？不要誤會我的意思：這一切的確很煩人，但是妳難道不希望有時表現得更冷靜、更自信一點嗎？就算只是為了不要讓他因為惹妳生氣而得意洋洋？」

雖然這已經算是半個輔導課程了，而且難度很高，但背後的道理非常簡單，而且很容易理解：

噓……

將安靜的責任交還給製造噪音的人。

把責任交還給對方，問問發牢騷的人，在什麼情況下他們才會保持安靜。有時，甚至可以更直接一點：一位內勤部門主管多年以來，一直對上司每週一早上的會議感到不滿，因為上司每次都在那時「給他洗臉」，讓他根本不得安寧。不管他做了什麼，似乎總是做得不夠好——直到有一天，這位內勤主管開始進行後設溝通，並將責任反推回去。他在一個星期五的下午對上司說：「我要怎麼做，你下週一才不會再給我洗臉？」

上司一開始很驚訝，想用一句俏皮話輕鬆帶過，但這位主管不依不饒：「不，我是認真的：我該做什麼？還是不管我做什麼都無所謂——反正都會被罵，哪怕沒有理由？」

聽到這個指控，上司當然有點生氣，但是也透露出，他認為這個員工一直以來都過於自行其事。隨後他們展開了一場辯論，討論內勤主管如何更能將上司納入業務流程中，以及如何調整他的報告內容。自此之後，這位主管每週五下午都會提交一份單頁的本週報告。此後，每週一的長篇訓話縮水到三分之一，這位主管現在或多或少得到安寧，這對他來說是很值得的。

噓……

想有效對抗人爲的噪音，就要認眞對待這些製造噪音的人，並將維護安寧和寂靜的責任交還給他們。

但大多數情況下，我們不會這麼做，而是對抱怨連連的表妹和煩人的上司感到生氣，並試圖逃避他們。如果成功了，那很好；如果不成功，就說明這行不通，因為鴕鳥策略通常不管用。忽略一個吵死人的收音機也沒有用，你必須關掉它或調小音量，對待「人類喇叭」也是同樣道理。但如果這些方法都無效呢？那你就只能來硬的了。

來硬的

如果一切手段都無濟於事，而你又只想安靜下來時：

如果對方就是不肯閉嘴，那你就自己閉嘴吧！

保持沉默，但要像拳擊手一樣：主動、示威。忍住，不要發表任何言論，想像自己身處一個美好的地方，讓對方清楚感受到你已經心不在焉。這需要高度的專注力，因為擾亂者有時會說些垃圾話，讓人忍不住想反駁。如果你實在忍不住，那就做吧。

但如果你只想平靜下來，就不要被激怒。這招即使對上司也能奏效。如果上司問你為什麼不講話，可以這樣回答：「我想該說的都已經說完了，我現在最想做的就是立刻工作。」在表妹的例子上也適用：「我覺得關於你們離婚的事，妳已經說得很清楚，我現在更想和妳聊聊，我們要怎麼做才能讓妳振作起來。」

有位業務員曾反駁這一點，認為用這種「溫和的手段」無法讓客戶閉嘴：「除非我用槍指著他們的鼻子。」我建議他先把槍收起來，試試其他方法——一些直球對決的方法。

噓……

大聲且清楚地說出多話者的名字。

「蘇珊娜，蘇珊娜！我們聊點別的吧。」自己的名字是一個具有強烈作用力的訊號詞，所有人都會對自己的名字產生反應。因此，用來打斷言語的「滔滔不絕」非常有效。每個人聽到自己的名字時，都會不自覺打斷自己正在說的話，而「打斷」正是下一個關鍵詞：

噓……

持續打斷滔滔不絕，直到它變成涓涓細流。

當然你應該在適當時機、用有意義的方式來打斷，舉個例子：

上司：「我們應該跟物流部門協調下一次的出貨……」

（快受不了的）員工心裡想：「嘮嘮叨叨，這些我早就知道了！」但員工嘴上說：「……對了，昨天我已經和他們聯絡過了。」

上司：「什麼？喔，對了，那我們還得跟零售商確認上市日期……」

員工：「根據行銷計畫，我們最好使用正式的公文通知。」

上司：「什麼？對，當然，呃，還有什麼？」

員工：「我想到的就這些了。」

上司：「喔？是嗎？那很好，照我說的去做。」

這位員工表示，上司都會把任務分配搞成冗長的演說，她透過持續、有建設性和有禮貌的打斷方式，將「浪費的時間」縮短到原先的四分之一：「此後，上司很快就會結束話題。」

但是如果對方要求你不要打斷他們呢？這時候可以用嘲諷的方式回應：「喔，不好意思，我以為你很在意我的意見，請繼續。」這樣一來，大家都清楚你會以牙還牙，接下來你也不會太在意對方的觀點了。你只需要繼續聽著，就當是耳邊風。尤其是女性，往往不敢打斷別人，因為她們認為這樣很不禮貌。有的時候她們不敢這樣做，或者擔心這樣做會讓對方反感。這是一個很大的問題——一個引導話題的問題。

噓……

主導話題

大多數人都會抱怨噪音不斷、忙碌和壓力，許多人深受周遭人干擾之苦。然而，很少有人想到，可以嘗試以主導話題來改善這種情況。

任由日常溝通無頭緒發展，不加引導，是錯誤的。

我們會有意識地引導生活中的一切：吃什麼、做什麼運動、用什麼洗髮精、穿什麼上衣搭配哪條褲子。偏偏我們每天做最多的事情，卻完全交給他人來決定？這裡當然是指溝通。我們每天都在不斷溝通，而且通常是完全不受控制的。控制對話，也就是有意義地引導對話，我們稱之為「主導」。那麼「普通人」要怎麼引導對話呢？用責備的方式說：「不要離題！」那麼離題的人會怎麼做呢？他會乖乖聽從勸告嗎？想得美。他會辯解、為自己辯護，而且辯得理直氣壯。

別再對擾亂你安靜的「人類干擾源」忍氣吞聲了，不要被他們的滔滔不絕左右。引導談話的方向，有意識地影響談話的進行，包含所有的談話，大多數人一輩子都不會想到這一點。前幾天有一位女主管跟我說：「我討厭一打開門，孩子和另一半就同時撲過來，每個人都想找我！」她苦於這個問題許多年。一方面她不想成為一個糟糕的媽媽和妻子；另一方面，她又希望回家後能安靜。所以她的反應常常會不自覺地變得不耐煩，結果，她的親人最後不敢隨便接近她——但那時她良心又過意不去。有時她會耐心地聽他們說話——但這樣一來，她又無法好好休息。多年來，她從未想過用第三種方式來解決這個問題，這個第三種方式就是「主導」。

透過主導，每一場對話都會變得更好

在下一次家門口的「一擁而上」中，她說出了最直白、卻是人在壓力下往往難以想到的話：「親愛的！看到你們真高興！可是不要一下子全部圍上來！我建議這樣：先和小彼得做作業，然後和特魯蒂玩，接著你和我一起度過一個愉快的夜晚——明天就換別人先來！」這或許不是最完美的解決方案，卻是關鍵的一步：當事人掌握了談話的主導權。她並沒有強迫任何人該怎麼做！而是巧妙地引導所有人的意圖，讓各方都感到滿意——不僅僅是孩子和丈夫，還包含她自己。

有一個女兒繼承了父親的事業，經營得很辛苦。有一次，她對已經退休、還常在背後下指導棋的爸爸說：「爸爸，我很樂意聽你的所有建議，但我不喜歡聽你的指責，所以不要再怪我做錯什麼了，我自己也知道問題出在哪裡。只要告訴我，該怎麼做才能做得更好。」這位可憐的父親頓時冒出一身冷汗，因為指責別人很容易，但要提出解決方案就困難得多。但是這位聰明的女兒，成功引導了對話的方向，之後的氣氛明顯變得和緩許多。可見主導總是值得的。

「別老是吹毛求疵！」外行人最喜歡用這種方式來主導。但專業的主導人則會說：「我們要怎麼做，你才能多給我一點轉圜空間呢？」你是否發現其中一種最有效的主導技巧呢？沒錯，那就是：

噓……

提出問題的人，就是主導的人。

「我們現在就必須解決這個問題嗎？」——「我們可以等到今晚再討論嗎？」——「能不能給出一個具體的數據來證明你的觀點？」——「除此之外，你對我的表現還滿意嗎？」——「你提出的問題有多嚴重？」這些都是主導性的問題，但請不要死背硬記！主導性問題只有在高度具體的情況下才有效。因此最好記住提問的原則：

噓……

思考一下，如何將你想要說的話，用問題的形式表達出來。

陳述會延長爭議的時間，提問反而會縮短時間。一位董事會成員告訴我：「以前我會做長達數小時的演講——結果大家只聽懂一半，還不斷用一些愚蠢的反駁來跟我糾纏不清。自從我不再以講授為主，而是大多數時候改成提問之後，我就可以省下一半的時間，而且大家也能更快理解。」

以表妹那個例子來說：如果我問她最近過得怎麼樣，那會發生什麼事？沒錯，她又會沒完沒了地講她的離婚。這不是因為她話多，而是因為我的問題問得不好，太籠統了，沒辦法引導話題。如果想讓對話朝著特定方向發展，問的問題就必須非常具體。舉例來說，「在經歷那段艱難的時期之後，妳是如何成功讓自己走出來的？」這是一個非常具體的問題，而且帶有暗示性：「經歷那段艱難的時期之後」這句話本身就隱含著主導人想要的對話方向，也就是傳達一個訊息：「妳看，妳已經熬過最糟糕的時候了！快走出自怨自艾，向前看吧！」

正因為這個問題非常具體，所以會讓表妹感到意外，進而打斷她習慣性的抱怨，並清楚地向表妹傳達：「我很關心妳，妳對我來說很重要。所以告訴我，怎麼樣才能讓妳過得更好。」

噓……

與其隔離干擾源，不如將他們整合進來。

你隨時可以讓一個話多的人閉嘴，這是可行的，有時也很必要。但是，如果你能考慮到這個話多者的興趣、動機和需求，並且將這些融入到你們的對話中，雙方都會感覺比較好——你還能一舉兩得：既幫助了對方，同時很快得到安靜。當你主導話題時，就能一石二鳥。

確實，這個想法需要時間來適應。我們在日常生活中，大多也會隨口說個不停。但是現在我們講話要突然變得有目的性，而且有意識地引導對話往特定的方向發展？沒錯，不然你怎麼達成自己對生活和其他人的期望呢？如果你想要少一些吵雜、少一些東家長西家短、多一些安靜時，就試著去引導對話，讓它朝著自己希望的方向發展。你會驚訝地發現，別人不會認為你很敏感或孤僻，反而會認為你很有自信，知道自己想要什麼，而且能自信地去爭取。

即使是話特別多的人，也會感謝有人來主導話題

當然，我們生活在一個嘈雜的時代，身邊充斥著許多吱吱喳喳的人。他們話很多，可是表達的內容很貧乏。然而，你可以自己創造寧靜的綠洲，並透過主導，讓那些吱吱喳喳的人講的話減少一半，卻能傳達出雙倍的內容，他們會為此感謝你的！因為愛講話的人，並不是話講得越多就越快樂。他們之所以說個不停，正是因為無論怎麼說，都無法讓他們感到快樂。但是一場有引導、有目標的對話，才是他們真正需要的。你幫助他們達到這個目標，他們會因此感謝你。

技巧摘要：讓別人保持沉默

✔ 不要再讓這個時代的噪音折磨你了，起來反抗！但不是以不知變通、攻擊性或是被動反擊的方式，而是以聰明的方式。

✔ 聰明的反擊方式包括：試著理解對方為什麼一直說話，並滿足這個需求，這樣就能讓對方保持沉默。最常見的需求有：關注、認可、關心、肯定。

✔ 你也可以來硬的：大聲叫對方的名字、持續打斷對方、用非語言的方式表達拒絕、故意保持沉默，或是直接結束對話。

✔ 當你變強硬時，別擔心，只要態度友好，大家還是會喜歡你。

✔ 不要讓人對你得寸進尺！要承擔起主導對話流程的責任（那個話多的人顯然不會這樣做）：就算是日常對話，你也應該進行主導。

9

靜默中蘊藏力量

真正的放鬆不在於分散注意力，
而是收斂心神。

——*馬可·奧理略（Marcus Aurelius），羅馬哲學家皇帝*

壓力重重，身心俱疲

你感覺如何？不，這不是一句禮貌性的寒暄，而是一個認真的問題。你在白天、工作期間、下班後的感覺如何？只要我讓人意識到這個問題的嚴重性，他們通常會回答：「最近確實有點壓力，但生活就是這樣嘛！」有些人也會說：「我快累死了，身心俱疲，壓力超大。」還有一些人，尤其是領導階層，會跟我說：「週末的時間已經不足以讓我充電了，我需要更長的假期。」

Try!

你上一次什麼時候眞正覺得舒心快活、充滿力量、精力充沛、無所畏懼、身心放鬆、充滿青春氣息、心情愉快、滿懷熱情、步履輕盈、準備迎接新的挑戰？你是否想再次擁有這樣的感覺？還是你已經習慣現在的壓力和疲憊程度？你是否認爲自己目前的能量水準、情緒和心理狀態是「正常的」？與此相比，身體健康、精力充沛是什麼感覺？你能想像這種感覺嗎？你在哪裡感受到？如何感受到？感受一下這種感覺，深深吸一口氣，吸氣之後稍做停頓，然後緩緩吐氣。感覺如何？你能享受這種感覺嗎？除了這個感覺，你還有什麼其他感受？有什麼想法浮現出來？

感受一下放鬆的感覺吧！

你注意到了嗎？剛剛你什麼都沒做，只是思考和呼吸。你保持沉默，一動也不動，想像著一種感覺。現在，你是否覺得自己稍微恢復精神，也輕鬆一點了？為什麼我會知道？因為人的身體結構就是如此，在這方面沒有例外：每個人做完這個練習之後，血壓和壓力荷爾蒙都會明顯下降，會覺得自己變得更好，除非長期處於壓力之下，已經損害了他們的自我感知能力，因此什麼都感覺不到。幸好你沒有這樣。因為已經迷失自我的人，書是讀不進去的。他們缺乏那份平靜，而你顯然還擁有它。你剛剛完成這個練習，而且感受到了放鬆，即使這種感覺還非常微小。你感受到了，而且充滿希望地想著：啊哈，放鬆來自靜默，來自充滿思想和感受的靜默。它不是來自健身房、不是來自隨身聽，不是來自網際網路，也不是來自與同事的喝咖啡閒聊，而是來自你自身。

你能不能更頻繁地擁有這樣的感覺？而且感覺更強烈一點？是啊，這會很棒。可是：「壓力畢竟是生活的一部分！」這種反駁每次都讓我不知道該說什麼，情況真的已經這麼糟了嗎？

噓……

我們已經習慣了壓力，也就是說，早已習慣壓力耗盡我們的精力、削弱生活樂趣、損害健康、對家庭生活帶來重擔，也阻礙我們的個人發展。

我們將放鬆和「真正的」生活，轉移到一年當中短短幾週的假期裡，而且對此沒有抗拒，因為「生活本來就是這樣」？這很病態。不是壓力讓人生病，而是我們對待壓力的態度。對一個自我保護機制仍在運作的人來說，他不會把壓力視為天經地義、無法改變，或是接受「生活本來就是這樣」。他會把大腦重新開機，並且自問：「如果壓力奪走我的力量，我該如何拿回來？」

你覺得這個問題很有趣嗎？如果覺得有趣，那你還有救。我發現，大多數人早在學生時代，就已經放棄了。還有些人相信，想要從壓力中恢復過來，就要經歷更多的壓力。

就像梅林達一樣。她很有成就：她是跨國公司的部門主管，兩個孩子都在讀大學，丈夫的收入不錯，擁有一棟漂亮的新房子，家裡還有四輛車。我很佩服她的精力，梅林達管理的專案，比她的同事都要多；下班後還要照顧家庭，參加志工活動，甚至已經在計畫搬進一棟環境更好的新家。前幾天，我沒有刻意壓抑自己的敬佩之情，問她：「妳是怎樣把一切做到這麼好的？妳哪來這麼多精力？」她挑了挑眉毛，噘了噘嘴，然後說：「最近真的有點累，稍微休息一下也不錯，幸好我們很快就要去度假了。」那她是怎麼度假的呢？

她的度假方式是一趟歐洲之旅——十四天內跑了十八個國家，不斷奔波，以行李

休閒壓力能恢復多少活力？

箱為家，從里斯本到盧布爾雅那馬不停蹄，一個景點接著一個景點。她認為這就是在休息。長久以來，我一直在想，這真的是休息？休息真的可以是這樣？人的休息方式真的可以差異這麼大嗎？舉例來說，我們都知道內向者休閒的方式比較獨特：讀一本好書、照顧植物、關在地下室沉浸在自己的興趣中、完全與世隔絕、手拿酒杯坐在壁爐旁、喜歡不受打擾，獨自一人。在這種獨處中，他們能放鬆，與人相處會讓他們不自在，無法自我充電。當他們獨自一人時，並不覺得寂寞（＝壓力源），反而覺得自在。獨處的時候就是他們在充電。大約二〇到三〇％的西方人是內向型，其他人則是外向型的派對咖。外向型的人喜歡在下班後和朋友聚會，在社交中恢復活力。這是心理學家告訴我們的。

所以梅林達顯然是外向型的人，她透過被其他人（尤其是內向者）視為休閒壓力的活動來放鬆。但多年來，有個問題一直困擾我：這樣對嗎？這真的算是休息？人能在酒吧、夜店、健身房、戴著耳機或在足球場上放鬆嗎？

梅林達本人給了我答案，更確切地說，是她的健康狀況告訴我的。對於外向又精力充沛的人來說，很容易忽略這些症狀。梅林達從三十五歲起就患有「老年風濕症」，十年來一直在服用免疫製劑和消炎藥。她的一位醫師朋友（但不是她的主治醫師）說：「典型的壓力症候群。」梅林達經常感冒，肩膀也需要開刀治療，因為她的肌腱多年來一直有舊傷，可是對於保守療法（比如復健治療），她「根本沒時間」——其實就是她沒耐心。

令人沮喪的結論是：梅林達這個成功典範，其實並不成功。這個發現曾經讓我深深失望，現在依然如此。

噓……

現代、積極且「成功」的生活，是一場天大的騙局。

忙碌的人即使在忙碌的假期中也無法恢復活力。這世上沒有「快樂的忙碌者」，沒有健康的腎上腺素成癮者，也沒有精力充沛的壓力狂。他們終有一天會垮掉的，或是靠藥物和幻想來勉強支撐（例如：依賴藥物的管理者，比例驚人）。很明顯的：在無止盡的奔波當中，是沒有幸福可言的，更不用說健康了。

儘管我曾經希望能夠如此。我曾經希望人一天能馬不停蹄地拚上十二小時，然後睡上六小時，就能像鳳凰一樣涅槃重生，再吞兩顆維他命，又可以開始新一天的馬不停蹄。現在我明白了：無論男女，都無法這樣一直下去。日復一日馬不停蹄的工作，會讓人付出代價，就像每一次的豪飲一樣。喝了兩、三杯啤酒時感覺很棒，到了第五杯覺得自己所向無敵，第六杯下肚就開始有點茫了。但隔天早上醒來，要面對的卻是恐怖的宿醉，因為喝過頭了。

我們不斷透支自己，因為我們的「放鬆」不是真正的放鬆，因為無法靜下來保持靜默、因為給自己安靜的時間太少，給自己靜默、放鬆、沉默的時間也太少。大多數人一輩子都無法意識到這一點，甚至在經歷第三次心臟病發作之後也依然故我。

但也有例外，令人訝異的是，你就是其中之一。

你是例外

承認吧：如果沉默僅僅是一種談話技巧，靜默只是沒有聲音，你就不會在這裡了。當你拿起這本書時，一定感受到一些更深刻的東西——請原諒我用這種矯情的說法。否則，實在無法解釋為何你會閱讀這本書：畢竟你正在閱讀一本關於沉默與靜默的書。在這個節奏極快、頻繁切換的時代，簡直不可思議。這個時代的人讀書，在小說類中不就只想看到灑狗血，在指南類中只想看到解決世間所有苦難的萬靈丹？

靜默不符合當前政治正確的觀點

靜默和我們這個喧囂、淺薄又五光十色的時代格格不入。在這個時代，進步被認為是富裕、忙碌被認為是動力、急躁被認為是滿足。從頭讀到這裡，你已經從這個浮躁的時代抽離出來，（重新）認識了沉默和靜默。或許你已經嘗試過偶爾保持沉默，讓其他人也安靜下來，享受靜默的時光。你發現了某種東西，這個東西與主流社會的道德觀隱隱產生扞格。其實，早在拿起這本書之前，你就隱約感覺到靜默的潛力。因為人只能看到自己已經知道的事物，而你早已察覺到靜默中蘊藏著巨大的潛力。而且你並不孤單，聰明人最終必定會明白一個古希臘人在兩千年前就已經知道的道理：靜默中蘊藏力量。

認識到靜默帶來的力量，（重新）發現並善用它。這不需要任何重大的改變，因為靜默是從小處開始。有位主管告訴我：「我對忙碌的工作日益厭煩，可是大家居然對這種事習以為常，更讓我惱火。後來我靈機一動，決定以後每次開會之前都先靜默一下。」

之後開會時間一到，這位主管並沒有立刻進入議程，而是先向同事們問好，然後宣布會有一分鐘的時間讓大家收斂心神：「很高興大家都能出席，讓我們暫時先把外在的忙碌擺在一邊，花一點時間收斂心神。」然後他環顧四周，友善地對每個人微笑。這最多只花了幾秒鐘，然後他注意到有人深呼吸、放鬆、對他回報以微笑、「沉澱」下來、擺脫了壓力。

這位主管之所以這麼做，並不（僅僅）是因為他對人都很友善，更重要的原因在於：他是一個優秀的生意人：「自此之後，我們的會議更有建設性、也更舒服。我們吵架變少，離題的次數也少了，更能直接切入正題。」

這，就是靜默的力量。這股力量源於靜默，而且只會源於靜默。不是來自紀律，也不是來自「動力」，更不是來自管理中常見的那種加油口號，比如「我們一定辦得到」。這種靜默帶來的投資報酬率相當驚人：兩分鐘的靜默，能讓兩個小時的會議變得更有效率。

當會議熱烈進行時，這位主管會打斷會議，宣布再休息一下：「好了，停，暫停一下。我們先暫時放下爭論，讓所有事情沉澱一下。」這招每次都奏效。因為比起一直趕進度，短暫的思考停頓會更好，他的同事也都認同這一點。最讓人感到不可思議的是：「儘管如此，一開始我還是要費一番功夫，才能讓大家一起這樣做。」因為一個腎上腺素成癮者一旦嗅到壓力的味道，就很難冷靜下來，然後他就會抱怨剛剛宣布的靜默時間：「這是在搞什麼呀？我們過去從來沒有這樣做過！這根本沒有用！」壓力會讓人上癮，而上癮的人就會開始胡說八道。說到胡說八道：

Try!

你在會議或談話之前，會做些什麼？工作壓力來襲時，你會怎麼做？抽根菸？喝杯咖啡？上上網？和同事一起講主管的壞話？下班後，你會做什麼事來讓自己放鬆心情呢？看報紙？看電視？

如果你認為自己在一心多用時也能恢復精力，這也無可厚非。但事實上，靜默的力量常常被低估。

靜默的力量泉源

我們不僅僅害怕靜默（詳見第4章），現代人也嚴重低估靜默的價值。這很奇怪，只要想想靜默對於世界上所有宗教的重要性。

噓……

我們的世界越喧囂，上帝似乎就越沉默。沉默是永恆的語言，而喧囂終將消逝。

——格楚德・馮・勒福特（Gertrud Von Le Fort），德國女作家

冥想中的沉默

每個宗教都有其獨特的冥想修行，也就是一種儀式化的沉默、內省和沉思。在所有的宗教中，沉默的冥想被視為與更高層力量直接接觸的重要方式：沉默竟然如此厲害！沉默是通往至高境界最直接、也最簡單的途徑，無可超越。不可否認，基督徒在過去的兩百年裡，把這件事忘得一乾二淨，就像忘記一件小事一樣。取而代之的是，他們得到了洗衣機、手機和第二輛車子，這樣的交換似乎還不錯。然而，數百萬西方人因為文明的盲點而忽略沉默，並不能改變儀式化沉默中蘊含的力量泉源。

科學研究顯示，定期冥想的人，生病的頻率只有其他人的一半。

外行人可能會說：「他們比其他人健康一倍！」但無論是宗教性的冥想，還是世俗的（也就是超脫的）冥想，其實都一樣，效果同樣驚人。冥想者的血壓即使不在冥想時或處於壓力之下，也是比較低；他們心肌梗塞的風險減少了約一半，全套血液檢查的結果也更好。在美國，有些診所專門用冥想來治療一些已經被判定為「無藥可救」的病人。這些病人之所以康復，並不是因為他們服用了什麼強效的超現代藥物——而是因為他們每天花二十分鐘只進行靜坐，並且保持沉默。

雖然一開始會覺得難以忍受，也無法想像這樣做有何好處。但在沉默中汲取的力量，遠遠超過在電視機前、網路上、在各種運動場合中獲得的。沉默是世界上最好的提神劑之一，應該要有人去告訴那些狂歡派對中摧殘耳膜或整天戴著耳機的年輕人。別跟我說現代生活壓力太大，或者沒有時間。早上搭乘地鐵、捷運、公車或開車時，你會看到有多少人沒有低頭看手機、或是沒有被耳機音樂或車上的電台節目轟炸？少之又少。很少有人會想到，通勤時間也可以用來充電。

其實在火車或汽車上，也能享受靜默，甚至在嘈雜的大型辦公廳也可以！真正、有效的靜默，其實與是否有噪音源的關係不大，反而與收斂心神比較有關。有位接待祕書告訴我：「我每個小時都會享受一分鐘的靜默。」我聽到她說大型辦公廳裡總是吵死人，忍不住大笑起來並問她：是不是會去找一間安靜的廁所？她回答：「沒有。一開始我確實會這麼做，但後來發現，靜默並不在於外界是否安靜，而是我自己是否靜下來。」所以她會靜下來，推開鍵盤，抬起頭，望向窗外，有意識地感知周圍的噪音環境：「這樣每次都像是自己插上插頭、重新充電一樣！」這讓我們發現靜默的一個祕密：

噓……

賦予力量的，並不是靜默中的安靜，而是經過訓練的注意力。

Try!

針對這個例子來做個實驗：現在，請保持專注。感受一切，你的手、腳、呼吸、念頭、感受、周圍的聲音。你看到了什麼？聞到了什麼？你的身體姿勢如何？即使你只是閱讀這幾行文字，並沒有實際執行，內心也會有所改變。是什麼樣的變化呢？

有一個極端的例子，展現了專注當下賦予的力量。有位小鎮銀行的女總裁，在雷曼兄弟破產期間，銀行的每支電話幾乎都被客戶打爆。部門的主管每分鐘都送來一堆大禍臨頭的消息，而且外面街上挖路機的轟鳴聲不絕於耳。此時的她，坐在辦公室裡逐漸崩潰，似乎在劫難逃了。我正想暫避風頭時，剛好被她看到，她很驚訝，輕輕撥開額頭上的一縷髮絲，然後說：「呵呵，原來這就是我在極度壓力下的樣子。」那一刻，她身上的壓力就消失了。當然：五秒鐘之後，忙碌再次湧上了她，但她不再被忙碌壓垮。因為在那一瞬間的清明中，她洞悉了忙碌的本質，因而擺脫當下承受的束縛。這位女總裁還算正常嗎？

毫無疑問：不正常。因為一般人對於壓力的正常反應，要麼逃避，不然就是戰鬥。當身處壓力時，我們會工作得更勤快、更賣力；或者選擇逃離，想避開這種吃力的情況。不論是戰或逃，我們都試圖擺脫這種讓人不舒服的處境。這位銀行女總裁卻採取相反的做法，她既沒有逃跑，也沒有埋頭苦幹，她只是稍做停頓，轉過身來，正視壓力，坦然無懼。她意識到困擾與驅使她的是什麼，並從中解脫出來。

因此碰到反對收斂心神和靜心的常見理由：「但是這樣我會冒出很多不舒服的念頭啊」，我總是會心一笑。沒錯，這位女銀行家接納了這些念頭。她一定也曾經想過：「我這是在出糗！我的銀行快倒了！我什麼都做不了！」但是她並沒有逃避這些念頭，也沒有製造更多的慌亂，而是接納了這些念頭和不舒服的感受。

你只能改變自己接受的事，你也只能透過接受來改變。接受會讓人解脫、救贖，並帶來改變。而且會賦予力量——非常強大的力量。

Try!

再次停下來片刻，即使你不知道該怎麼做，即使你不知道自己是否「做對了」（其實根本沒有「做錯了」這種事），也請繼續做。一下下就好，謝謝。然後再一次。不要急著繼續閱讀，抬起頭，吸氣，吐氣。有哪些「糟糕」的念頭和感受浮現出來？就讓它們浮現吧。迎接它們，握握手。誠實面對自己，對自己說：「好吧，這眞的很不舒服，但我現在選擇接受。」然後會發生什麼事？

我曾經推薦一位女店員做這項練習，她後來告訴我，她這幾天「讀了這輩子看過最好的一本書」。我知道這本書，其實並不是特別出色的那種。但這位女店員認為這是她這輩子讀過最好的書，因為她在閱讀時不斷進行這項小練習。每讀完一段，有時甚至在每一小段之後，她都會停下片刻。她不只是閱讀，而是用心閱讀。那些在暫停時湧現出來的念頭，讓這本書成為她讀過最好的一本書。最棒的是，這個方法對任何書籍都適用，也能應用於任何食物、任何運動，以及任何活動，包括打掃房子和熨衣服，甚至可以用來應付暴躁上司這樣強勢的人。

斯薇特拉娜決定辭職了：她的上司脾氣很暴躁。就在她下定決心要辭職時，上司又發飆了。但由於她已經打定主意要走人，所以這次情緒不再激動，也不再回嘴，而是靜靜觀察上司：「我從來沒有注意到，他生氣的時候，鼻孔會撐這麼大，脖子上的青筋會跳得那麼劇烈。我以前居然對那些正常人都會認為毫無根據的指責，反應那麼激烈又不經思考。」這場發飆感覺上好像歷時兩小時才結束，之後，斯薇特拉娜驚訝地發現自己居然沒有頭痛。「以前只要他一發火，我的頭就痛得厲害。」

雖然她是無意識地保持距離在觀察暴怒的上司，心中盤算著即將離職，才讓自己能夠一派輕鬆。但這樣的效果還是讓她振奮：對情況精確、接納一切的覺察，不僅讓她避免了頭痛，甚至讓她感到神清氣爽、充滿力量，她怎麼想都想不通：暴躁的上司居然還能拿來當個小確幸？這又從何說起？於是她不想辭職了，她想搞清楚，能否將這種無意識的觀察，變成一種有意識的行為，甚至有點變態地期待上司的下一次發飆。

噓……

如果能從最嚴重的災難中汲取力量，爲什麼不試試呢？

這就是諾貝爾文學獎得主赫曼．赫塞所說的「靜默沉思的力量」。赫塞並不是這種力量的發明者，所有東方的冥想修行，例如：道教或禪宗，都以這種價值中立、不帶偏見、精確且包容的觀察方式為基礎，觀照著我們周遭正在發生的一切。達賴喇嘛就是這種靜默觀察的佼佼者，所以他總是心情那麼好。這不是裝出來的，它基本上是一種伴隨有意識觀察而來的愉悅：對他人來說會帶來壓力的事，卻讓心中不起波瀾的觀察者覺得有趣。有些事會讓焦慮的人耗盡力量，卻能讓平靜的人獲得力量。值得注意的是：達賴喇嘛並沒有嘲笑他所觀察的世界，相反的，這是一種輕鬆又入世的從容。大多數人會對這種從容，避之唯恐不及。

最明顯的例子就是人們的度假習慣。儘管大多數人都因工作壓力巨大，渴望「放鬆一下」，可是他們會把假期、下班時間、家庭聚會和週末安排得一點也不放鬆。醫學研究也證實了這一點：大約三分之二的人在度假之後依然帶著壓力回來。

這聽起來很荒謬，但仔細一想又合情合理：工作如此繁重，讓我們不得不犧牲許多東西。所以至少在假期裡，我們應該「盡情放縱」，享受一切！這當然可以，但前提是，我們要在前後安排足夠的休息時間。

然而，這樣做的人少之又少，就像梅林達一樣，馬不停蹄的度假行程才是常態，反正可以等上班以後再來休息……這是一種什麼樣的生活方式？根本算不上生活方式，而這正是問題所在。

一種沒有休息的生活

在過去，強制性的日常節奏是一種勞逸結合的健康模式。如今，永無止境的重負成了常態。舉例來說，過去每個兢兢業業的工匠、裝配工人、建築工人和技術人員，都會記得在上午九點準時休息，中午的休息時間是從十二點到下午一點，因為習慣就是這樣，規矩就是這樣，而每個人都得遵守規矩。我還記得大約十年前，有一位工程師好友，出於善意地提醒我，我之前在午休時間打電話給他，這真的不太合適。

但現在呢？沒有人會這麼做了，休息？在白天？現代的工作奴隸根本想都不敢想——而且完全忘記了勞逸結合的節奏。如果有人每天在固定時間吃午餐，就會被當成打混摸魚。以前我們可以倚賴社會的約定俗成，至少在早上九點，可以休息十五分鐘；而今天，社會已經不管我們死活。這意味著：

噓……

過去有約定俗成來保護我們，今天我們必須爲自己的生活負責。

這對大多數人來說，很難接受。因為不習慣這樣。我們已經習慣由父母、老師、政治家、廣告商、法律、習俗與上司來告訴我們應該做什麼。現在，突然要我們告訴自己該做什麼，對大多數人來說，都是一種震撼，許多人一生都盡可能地逃避這種責任。過著自主決定的生活，是項艱鉅的工作，但如果你不來做，還有誰來做？

當周遭的世界無時無刻帶來壓力時，你來決定何時休息。必須由你自己來決定勞逸的節奏，因為先前的節奏顯然有害健康。那就偶爾休息一下嗎？這就是重點了嗎？不，這不是關鍵。

噓……

大家都知道，偶爾應該休息一下。但可惜的是，大多數人所謂的休息，其實根本不是休息。

抽菸、上網或喝咖啡，並不能算是真正的休息。因為在這樣的休息過後，我們常常沒有感覺到真正的放鬆，反而覺得是因為休息的時間不夠長。但這其實是誤解，問題不在於時間長短，而是深度不夠。如果不是靜默的休息，就無法帶來任何力量。俗話說的不是「休息中蘊含力量」，而是「靜默中蘊含力量」。無法保持靜默的人，就無法真正放鬆，或是只能勉強回復精力。問題是：靜默並不會自動找上門，但很多人卻期待它自然而至。

很多人會嘆息：「唉，要是能安靜一下就好了。」這根本是自欺欺人，心理學家稱之為「受害者心態」。說這種話的人，認為自己基本上是個受害者，被生活隨意擺布。在過去，這種心態還勉強說得通，但現在已經不行了。以前生活會對著壓力很大的工人說：「九點到了！休息時間！」但現在生活會對他們說：「不准休息！時間不夠了！誰都一樣！」如果有人相信這樣的口號，那麼他三十五歲時可能就會有職業倦怠，四十五歲遭遇第一次心臟病發作，中間可能還經歷兩次離婚——而他卻還在等待生命中的大休息時間。但它根本不會來，就像童話中的王子或夢中的情人一樣，在現實中不會出現。在這個看似沒有任何規範或價值觀的時代，一個理智的人必須創造自己的規範和價值觀，以及自己的靜默。

靜默解決問題

一位內科醫生曾經告訴我，他用「飯前禱告」來治療胃潰瘍。我很困惑地問他：「信仰能治療胃潰瘍？」他笑著說：「這我不曉得，我只知道，如果在壓力重重的時候吃東西，世界上沒有哪個胃受得了。」他向我解釋說，飯前禱告在過去是一種用餐禮儀：「僅僅一分鐘的靜思，就足以讓自律神經系統擺脫壓力模式。」這讓我再次深刻意識到一個痛苦的事實：

噓……

人類的身體機制需要定期休息和收斂心神。一個人如果不能時常收斂心神，就會失去自我、失去健康、失去方向。

大多數人都不了解這個關聯。他們將靜默視為一種奢侈，而非生活必需。他們會說：「等事情平靜一點，我再來好好休息。」但那時往往為時已晚。其實應該反其道而行：即使在最忙碌的時候，也應該定期安排短暫休息，用來重拾自己需要的安靜和放鬆。但即使明白這個道理的人，依然很難落實。在任何一家診所的候診室，我們都能碰到累到生病要去看醫生的人。

我之所以注意到這個現象，是有一次等了超級久——明明有預約。我習慣性地想拿本《明鏡週刊》來看。雜誌不在桌子上，也不在書報架上。我環視了一圈，發現除了我以外，還有八個病人在候診室。其中七個都在看東西，但沒有人在看《明鏡週刊》。當我正要為雜誌又被誰拿走而發脾氣時，突然注意到第八位病人：她什麼都沒看，也沒有盯著那不太有品味的壁紙。她基本上什麼都沒做，只是坐在那裡，背挺得很直，下巴微微抬起，雙手放在腿上，嘴角帶著一抹微笑。

當我終於鼓起勇氣打斷她的沉思時，她說：「有時候，就這樣幾分鐘什麼都不做，感覺真好。每次醫生沒有按時看診，我都很感激。」在候診室收斂心神的唯一「缺點」：每次收斂心神之後，她的血壓特別低，靜態脈搏卻像頂尖運動員一樣。這讓她的醫生一直以來深感困惑，因為她告訴我，她什麼都吃，還完全不運動——語氣中還有幾分自豪。

我的第一個想法是：為什麼只有她保持靜默？為什麼其他人一踏進候診室就伸手拿雜誌，好像上癮了一樣？因為他們確實上癮了。對分散注意力上癮。所以大多數時候，他們都處於電池充一半狀態。不過真正讓我驚訝的是，當等待的時間比我們平常就醫還要久時，一位打扮時髦的女性上班族把雜誌放在一邊，焦慮地看了一眼手錶，轉向身邊的女士說道：「這樣等下去真讓我受不了，我還有很多事情要做，但竟然只能坐在這裡無所事事！」我簡直不敢相信，她似乎完全沒有注意到離她三張椅子遠的那位女士。而且她居然完全沒有想到，可以利用這段等待時間來放鬆一下與收斂心神。充電站就在她眼前，她居然視而不見，這真是太瘋狂了！

噓……

靜默不會主動來找我們。我們必須主動去尋找，然後牢牢把握住。

尋找靜默，要多久一次？我經常被問到這個問題，這問題很棒。為什麼我們不再知道答案了呢？不管怎麼樣，以下就是答案：

- 盡可能頻繁。
- 把握每一次出現的機會——因為這樣的機會本來就很少。
- 每當有需要的時候。最好是：在有需要之前就這麼做。
- 在每次重大行動之前。
- 不管什麼時候，只要我們感到不滿、沮喪或壓力很大。
- 當我們想放鬆的時候，就特別需要靜默。但首先，我們要意識到這一點。

每個排球選手都有八秒鐘的時間來發球。菜鳥幾乎從不利用這段時間來集中注意力和收斂心神，他們會急急忙忙地拋球，然後球就掛網了。而老鳥則會充分利用每一秒，他們知道，每多一秒的專注，都能讓球速更快、更精準。世界級的運動員常常在跳高或跳遠的場地設施前，站上好幾分鐘。如果規則允許，他們甚至願意花十分鐘來集中注意力。高山滑雪選手就能這樣做：他們真的會在雪地站上很久，一言不發，保持靜默，收斂心神。為什麼世界冠軍都認為有益的事情，我們普通人反而不屑一顧呢？

收斂心神的儀式

Try!

在哪些活動的開始之前和過程中，你願意停下來片刻，收斂一下心神？你能列出五個以上的活動嗎？你打算什麼時候嘗試？現在就開始，怎麼樣？你不需要放下書本，只要簡單地收斂一下心神就好，兩秒鐘就夠了。如果沒時間，一秒也可以。

當我問研討會的學員：未來打算什麼時候定期收斂心神？他們通常會非常驚訝。這麼簡單的問題，他們這輩子想都沒想過。然而，一旦他們開始思考，就會產生很多很棒的想法，以下是一些小整理：

- 搭電梯時，我會收斂心神，而不是焦慮地想東想西，或是對一起搭乘的人感到煩躁。
- 當我在超市結帳隊伍中排隊時。

- 當我等紅燈時。
- 打電話碰到自動語音要我等待時。
- 當我的電腦在執行備份時。
- 在我轉動鑰匙發動汽車之前——這樣我就不會懷著壓力開車。
- 在我關掉電腦起身離開辦公桌之前——這樣我就不會把工作壓力帶到下班後。
- 在我和同事交談之前，不然我會把忙碌的情緒傳染給對方。
- 當老闆在會議上滔滔不絕時——我就可以關機好好放鬆一下！

這是不是很美好呢？靜默和力量的加油站幾乎在每個角落等著我們，即使在那些像奴隸船一樣的工作場所，也一定能找到一個安靜的地方，所以才會被稱之為「安靜的小角落」……

法蘭克在公司碰到很大的麻煩。他的部門面臨重組，而且要縮編裁員。幾個星期以來，他除了這個話題，就沒有什麼可以說的了，這讓所有不想聽的人覺得非常煩躁。每個人都能感受到法蘭克承受的壓力有多巨大。這個問題深深困擾著他，讓他忍不住不斷抱怨，想求得一絲紓解。但問題是：他顯然並沒有因此得到解脫，因為幾個星期過去了，他的抱怨聲從未停歇。這到底出了什麼問題？

人會抱怨，是爲了減輕自己的負擔。偏偏，抱怨要麼立刻奏效，要麼根本沒用。

透過「把心裡的話說出來」，確實可以釋放壓力，但情況可能是這樣：你說「我的主管又發瘋了！」，立刻會感覺好一點，然後就不該再說下去了。但是最多到第二次重複時，你就應該停止抱怨：這時抱怨已經再也發揮不了作用。更糟的是，甚至還會有反作用。

抱怨有害

每一次抱怨，都會讓痛苦加深，這是因為抱怨會強化受害者心態。有時我會在輔導過程中，遇到一些特別喜歡抱怨的人。我會用溫和的方式強迫他們去做一直逃避的事情：嘴巴閉上，忍受痛苦。我常常對他們說：「好了，我已經了解你的問題了。不，你不需要再說什麼，什麼都不要說，只要靜靜看著你所處的困境，看看你身陷的爛攤子！不要評論！不要抱怨！不下評判！只要看著，然後忍受就好。」

這很痛苦，大多數人寧願拿槌子砸自己的大拇指。他們抱怨，就是因為不想承受痛苦，同時認為自己無法忍受這種痛苦。但是他們低估了自己，一旦有人明白，痛苦並不會要了他的命，甚至連瘀青都不會留下，那他最終就會面對這份痛苦。而且在那個時候，他會體驗到自己尋找的解脫。當他真的能保持片刻靜默，並且感受痛苦的那一刻，他就會感到解脫。

噓……

一直講話無法解決問題，因爲這會讓人分心。能默默忍受問題壓力的人，會釋放壓力，變得更有創造力，還擺脫了受害者角色。

因此在電影中，睿智的長者通常都演得非常沉默。編劇和作家都知道，智慧和力量來自於靜默，而不是滔滔不絕的忙碌。但好萊塢導演有一點是錯的：這種沉默的智慧並非來自於年齡，它屬於任何能在他人滔滔不絕時保持沉默的人。這種能力是一門高深的藝術，但除了這種能力，還有一件事是必須的。

沉默有助於保持距離和直覺

當你打電話給一家公司，你會有什麼樣的印象？十之八九，聽起來好像你的電話並不受歡迎：接電話的人顯得匆忙、煩躁，快速又含糊地報出問候語、公司名稱和自己的名字，語氣簡短或稍微不耐煩。在私人的場合，這種情況可能是難以避免或勉強可以接受。但在企業中，這種電話中的不友善會讓公司失去潛在客戶、現有客戶、銷售額、市占率和形象。

就讓它響！

有一位電話訓練師曾經屢屢嘗試，卻始終無法讓客服人員在電話中表現出友善的態度。他決定要進行最後一次試驗，一次非常矛盾的試驗。他指示十八位客服小姐：「以後如果電話響了，不要立刻接！把手放在電話機上，等它響兩聲以後再接起來。」效果出奇的好，對電話客服不滿意的的客戶比例從三八％下降到一四％。為什麼呢？因為員工不是在最忙碌的時候接聽電話，所以不會自然而然地把那種急躁帶進電話裡。她們在接電話前先靜默兩秒鐘，讓自己不自覺地收斂心神，進而變得更加友善。有趣的是，對於這個「靜默技巧」最感興趣的，往往是那些優秀的媽媽。

好的媽媽會保持沉默

只有好媽媽才會注意到，自己總是在某些情況下無可避免地對孩子發火：當她用肩膀和耳朵夾著電話、左手攪拌麵糊、右手寫購物清單，此時小孩還跑過來要求一些有的、沒有的事。這時候，孩子聽到的第一句話通常是：「你沒看到我手忙腳亂嗎？」好媽媽和普通媽媽的差別在於，好媽媽會對自己的情緒失控感到心如刀割，因此媽媽們才會對「手機關靜音」這個功能特別感興趣。

沉默帶來距離

噓……

當你壓力超大的時候剛好有人找你：趕快設一條分隔線吧！

在壓力和可能成為你壓力遷怒的受害人之間，請劃上一條清楚的界線。有些人會在回應前默默數到五，有些人則會先深呼吸。不管用什麼方法，共通點就是用沉默來做為分隔——這是最好的分隔線。

每當上司和你說話的時候，你應該總是運用這個分隔線。如果沒設分隔線就回應上司，事後幾乎都會後悔。有些人，你可以隨時直言不諱，想說什麼就說什麼，但上司不在此列（少數情況例外），而一個生氣、沮喪、怨天尤人或壓力大的另一半也不在其中；處於類似情緒狀態的父母、客戶、同事或兄弟姊妹也一樣。如果碰到這些情況，你沒有先花至少兩秒鐘來收斂心神，那多半可以保證，你一定會說出一些非常愚蠢的話，而且很快就會深深感到後悔。同樣的道理，也適用於所有的重大購買決定，甚至是求婚。

噓……

想要相守的人，不如先保持沉默，或許能找到更好的選擇。

業務員極力推銷他的產品，你也問了所有問題，現在到了購買的關鍵時刻：買，

我們最強大的特質：直覺

還是不買？根據我的經驗，在銷售對話結束後直接簽約的人，往往會產生所謂的「決策後失調」。這是一種認知失調，也就是購買後的懷疑。為什麼呢？因為到了那個時候，大家才會第一次靜下心來思考，然後發現這筆購物並不是這麼划算。

可是為什麼不在購買前就給自己一段時間冷靜下來呢？這個主意不是不錯嗎？為什麼不這麼做呢？因為儘管人類具有理性能力，但根據最新的腦部研究顯示，理性並非我們最強大的一面，我們還有一個更強大的特質。

多虧了核磁共振（ＭＲＩ），現代腦部研究得以一窺腦部運作時的活動。研究結果讓人訝異，例如：人類做出「理性」決定的時間點，明顯早於負責理性思考的大腦區域被啟動的時候。這表示：根本不是理性在做決定，而是（姑且稱為）直覺在做決定，理性只是事後被用來為直覺的決定提供合理的解釋。我們備受讚譽的理性，不過是事後合理化、為其行為辯護的工具。更糟糕的是：

噓……

我們的直覺比起理性，能做出更好的決定。可惜的是，我們那不可靠的理性，卻能極其成功地干擾可靠的直覺——前提是你放任它這麼做。

每個曾經遇人不淑的女性，都能細數人的理性在重大決定時有多智障。我問過許多有過類似經歷的女性朋友，她們幾乎都異口同聲地說：「一開始，我就覺得他有點不太對勁，但我以為只是自己太挑剔了。」姑且不說這一點也適用於感情不順的男性，你注意到那些關鍵字了嗎？每個人都會說：「一開始，我就覺得……」，但隨後她們開始「思考」了。這就是為什麼有句老話聽起來有點諷刺：「思考就是失誤。」這也意味著：既然我們內在擁有這樣一個高度可靠的決策機制，為什麼不更頻繁地使用它呢？原因有很多，其中包含敵視直覺的失衡教育文化，不過最主要的原因是個人天性：

噓……

當理性滔滔不絕時，我們就聽不到直覺那微弱的聲音。

為了喚醒直覺，我們必須保持靜默，哪怕只是幾秒鐘，這正是我輔導過的金牌業務員、優秀採購員和頂尖談判專家做的事。當所有話都說完之後，他們不會馬上簽字，而是停下來，保持靜默。你幾乎可以看到，他們的醞釀不是在額頭後面（即大腦思考），而是在肚子裡（也就是直覺），他們在感受這個決定，然後才會做出決定。

這並不是說，他們總是只聽從自己的感覺。感覺也可能會出錯，但至少他們會聆聽自己的感覺！他們會用情感來培養自己經過理性準備的決策。曾經做出這種兼具理性和感性決定的人都知道，事後會睡得有多香，因為你可以全心全意地挺自己的決定，和自己的人格合而為一。會讓人晚上無法安眠的，正是那些感覺。在做出決定時能用這些感覺來支持的人，不僅睡得更好，做出的決策也會更明智。這同樣適用於約會和求婚。

在這一點上，一位董事會成員曾說：「如果這是真的——我毫不懷疑——那我就應該在每次產生一個重大的想法之後，就停下來思考片刻，體會一下自己的感覺。」我很驚訝他能意識到這麼微妙的關聯，他只在一點上有錯：

噓……

可以在說話和思考的同時，體會自己的感覺。你不需要爲了感覺特別「停下來片刻」。

當然，一開始並非如此。在最初，你會常常皺著眉、靜靜地站著，和外界隔絕長達數秒，想追尋自己的感覺。但是人類學習得很快，短短幾天之後，這種直覺的追尋就會成為你的第二天性，可以和思考同步運轉。而且還帶來一個很棒的附加效果：人們會直覺地發現，滔滔不絕的人並沒有反思自己的感覺，所以大家會覺得這種人很不討人喜歡，甚至有點讓人不安。沒有人會喜歡無情無感的人，甚至無情無感的人也不喜歡自己的同類。如果一個人一直在情感上不加反思、信口開河滔滔不絕，就會磨滅掉他原本可能擁有的情感和直覺。這會讓人變得不討喜，一事無成，而且失去意義。

生命的意義，你只能在靜默中找到

如果你和上司鬧得不愉快、疾病纏身、心情低落時——你會怎麼做？你會找人傾訴——可能是跟最好的閨密、最親近的死黨、同事、另一半或導師。因為大家都知道：分享痛苦，痛苦就會減半。把心裡的重擔講出來，會讓人感到輕鬆不少。但奇怪的是，最好的閨密和死黨卻經常抱怨：「這傢伙講來講去都是同一套……我都快聽不下去了！」這不是很神奇嗎？人生中的重大挫折，像失戀、失業、離婚、死亡與生病，不太可能單憑一次談話就能釋懷。這些事都需要一場朋友間的對話治療，而且需要多次療程！真的是這樣嗎？

比利時魯汶大學的兩位學者，艾曼紐·澤希（Emmanuelle Zech）和伯納德·里姆（Bernard Rime）多年來一直很疑惑，為什麼朋友總是需要花那麼長的時間來向他們傾訴。因為兩人都是研究人員，所以決定進行一項小實驗。他們挑選了一些經歷過創傷的人，例如：經歷過離婚、親人去世、失業、財產損失或遭霸凌。這些受過創傷的人被分成兩組，第一組和一位善解人意的實驗人員進行一對一對話，談論自己的創傷。第二組則和實驗人員進行閒聊。一週之後和兩個月後，里姆和澤希測量了所有受試者的情緒狀況，哪一組的情緒會變得更好呢？

即使是諺語也可能會有錯

如果「分享痛苦，痛苦就會減半」，那談論自己創傷經驗的受試者，情緒應該會更好。他們自己也這麼說：「和人聊過之後，感覺真的好多了！」然而，生理測量數據竟然顯示了相反的結果，認真談論創傷的受試者和那些只是閒聊的人，彼此之間並沒有測量出任何顯著的差異。這解釋了為什麼人在經歷重大痛苦時，會長時間地向最好的朋友傾訴，甚至長達數月或數年：他們認為這樣做會對自己有幫助，但事實上一點用都沒有——所以他們下週又會打電話來抱怨，或者再次登門訴苦。

噓……

說話並不是好的心靈慰藉或解憂助力。有壓力時，說話根本稱不上是一種安慰。

將心事寫下來

如果說話沒有用，什麼方法才有用呢？針對這個問題，也有大量的科學研究。研究人員在許多實驗當中，要求情緒低落的受試者寫日記，效果出乎意料地好，甚至可以說讓人驚嘆。結果，在英語世界中，這種壓力處理方式被稱為「寫作療法」。寫日記是對抗苦惱的最佳療法，前提是要以表達性的方式書寫。像「今天老闆把我罵了一頓」這種描述性的句子，不會帶來療癒效果。所以研究人員指導寫日記的人要更具表達性，換句話說，寫一本能療癒、帶來力量的日記，其關鍵要訣在於：「針對當天感到壓力的事情，寫下你最深層的想法和感覺。」因此上面描述性的句子，如果要用表達性的方式來寫，就會變成：「老闆把我狠狠地罵了一頓，我覺得非常委屈和無助。現在真想大聲尖叫，表達我的痛苦和沮喪！真的好痛苦啊！」正是這種表達性的寫作方式，能帶來釋懷和療癒。蘇格拉底聽到都會笑。

早在兩千多年前，蘇格拉底就已經知道，這種對於思想和感覺的深層探究與表達，能產生「淨化」、解脫和解放的作用。現代科學僅僅是證實並加以細化：把心中的沮喪寫下來的人，不僅心理狀態會有驚人與顯著的提升，身體健康也會隨之改善，疾病症狀更快緩解，自尊心和幸福感明顯提高。我向大多數人講述這些實驗時，他們都很能理解與認同。但只有極少數人能夠從中得出以下三點結論：

- 談論不愉快的事情非常耗時，幫助不大，還會讓他人感到煩躁。
- 保持靜默，每天只寫幾行字，耗時更少，效果更好，也不會打擾到任何人。
- 安慰不在於言語，而是在靜默中的書寫。

在這個思考階段，許多人會就此打住，買一本漂亮的筆記本，或是在筆記型電腦上建立一個檔案。但反過來我卻想問：為什麼呢？為什麼沉默比說話好得多？畢竟我們整個文化都建立在溝通的基礎上，建立在「我們來談談這個吧」這個概念上。就連最近也有一位心理學家對我說：「當一個人把事情悶在心裡，只會加重他的負擔！他必須講出來！」為什麼大家都相信說話有幫助，即使研究證明這並沒有用呢（除了在一些罕見的臨床優秀治療情況下）？更有趣的是，為什麼寫作能安慰人心、減輕痛苦與療癒呢？

寫作是不一樣的

要回答這個問題，不需要科學家。任何人只要傾聽過一個滿懷憂愁的人，都知道他們是怎麼說話的：思緒混亂、雜亂無章、念頭有如天馬行空、毫無理性可言、膚淺、憤怒、悲傷，就像一張跳針的唱片，卡在同一個地方。在靜默中寫作則完全不同，尤其是在兩個關鍵點上。當你以表達性方式寫作，真正遵循實驗人員的建議，將自己「最深層的感覺和想法」寫下來時，就會打破滔滔不絕的膚淺，碰觸到那些真正令人痛苦的地方、感覺和想法。他們不再只在表象繞圈子，而是進到深處。唯有在深處，我們才能找到蘇格拉底所說的淨化，也就是從痛苦中解脫。

英國教授理查．懷斯曼（Richard Wiseman）進一步指出，語言表達通常是缺乏結構的，特別是當我們心中有事不吐不快時。相較之下，書寫比較有結構。這一點，任何有電腦的人都能深有體會：在說話之前，我們通常不會深思熟慮；但是在電腦上打字之前，我們卻會不自覺地進行思考。透過這種方式，我們為這個世界和我們經歷的事，賦上一層結構。這是一個科學術語，我們普通人稱為：

寫作的人，賦予生命一層意義。

在這一刻，有位研討會的學員瞪大眼睛望著我，讓我不由自主地停下演講，回望她。她說：「現在我總算明白，為什麼我先生在五年前被解雇之後，至今還是無法釋懷。儘管他早已找到一份其實更好的工作，但他還是不斷提起之前的屈辱，因為他失去了自己的意義啊！」我當時聽了說不出話來，這真是太清晰、太準確的診斷了。

噓……

你不會在說話中找到生命的意義，而是在書寫中找到。

所以請你坐好，鉛筆削尖或電腦鍵盤準備好——然後開始吧！表達你自己！只有閉口不言的人，才能找到生命的意義。力量和意義都蘊藏在靜默中，去尋求靜默吧。尋求靜默的人，會找到意義、力量和自己。

技巧摘要：汲取力量和意義

- ✔新的力量，你無法從滔滔不絕的談話中、網路中、耳機音樂中找到。新的能量，你只能從靜默中汲取。
- ✔靜默並不是沒有噪音源就好了，靜默的意思是：保持沉默並用心去感知眼前的一切，尤其是那些讓人不舒服的念頭和感覺。
- ✔處於壓力下的人很容易變得急躁，但是急躁解決不了問題。有個矛盾的小祕訣：身處壓力時，如果可以刻意暫停並保持靜默，就能克服困難。
- ✔只有在靜默中，你才能保持距離和發現你的直覺，也就是你智慧的泉源。
- ✔只有在（書寫的）靜默中，你才能探索到自己生命的意義。

結語
靜默的療癒力量

我並不鼓勵你今後當個隱士，一生都沉浸在靜默當中，這根本是做不到的。但是，你我每個人都迫切需要有一個與無盡喧囂和自己喋喋不休的聲音抗衡的對比。每天都需要很多這種對比，需要很多靜默的綠洲。這些綠洲不用太大，片刻就足夠了，比如現在。所有人都需要定期保持靜默，從中休養生息與找到意義。

將這些靜默的時刻儀式化，幫助非常大。過去會有晨禱和早課，不是沒有原因的。對許多人來說，現在的晨間儀式可能是淋浴——不聽收音機。或者更讓人跌破眼鏡的是：安靜地吃早餐，不匆忙、不看報紙、不聽收音機、最近甚至早餐時也不看晨間新聞（但如果有家人或另一半，最好和他們一起吃早餐）。如果能做到，那很好。如果我們能戒掉那些製造噪音的壞習慣，就更好了。

每次聽到電子郵件的提示音就會驚動、立即查看郵箱的人，不僅在工作中無法保持安靜，他們實際上還是腎上腺素成癮者（電子郵件測試是一個很有效的診斷工具）。同樣的情況，也適用於那些手機從不關機的人。如果組織運作良好，辦公室員工一天最多只會在固定時間查看兩、三次電子郵件，不然他們就無法「安靜地工作」。每個懂得運用靜默力量的管理者，都會在白天把手機設定為語音信箱幾小時，因為這樣能給他們安靜。我們必須重拾這種安靜，有時需要付出很大的努力，但成果總是非常豐碩。我們只能從靜默中汲取新的能量。

噓……

許多人都在研究如何延長生命，但其實我們應該研究如何深化生命。
——盧恰諾・狄克雷申佐（Luciano De Crescenzo），義大利作家

直覺只會在靜默中甦醒。生命的意義並不會在喧囂和忙碌中顯現，而是在我們生命中的靜默時刻浮現。安靜、休息、魅力、從容、幸福和自信，我們都只能在靜默中尋找。最重要的是，要找到自己，也唯有在靜默中。我認為這是最重要的一點。因為我們說得越多、越與他人交流、越是滔滔不絕或展現自己，越是聆聽外界的喧囂，就越容易迷失自己。當然，對某些人來說，他們的生命意義就是逃避自己，不敢面對「真正的我」。那些想逃避自己的人生、逃避真實自我來尋求解脫的人，大可一直嘗試，直到厭倦為止。因為每個人總有這麼一天不得不面對自己，這是無可避免的。

噓……

清靜爲天下正。我好靜，而民自正。
——老子

佛洛伊德曾說，他從未見過四十歲以上的人還沒有靈性。人最晚到了生命的中後期，會日益厭煩現代文明的膚淺和表達的空洞。我們會發現，無論多麼努力打拚、取得多少「成功」和地位象徵，我們都無法從外界中獲得喜悅、滿足、幸福和充實感。幸福並非擁有豪宅或第三輛車就能得到，若是如此簡單，那應該所有的富人都是幸福的，但事實並非如此，遠遠不是。因為幸福不在外求，只在內尋。「幸福只存在於觀者的眼中」，或者如同歌德所說：「最高的幸福就是人格，也就是與自己合而為一。」幸福不在於外在的世界，而是內在的自我，因為幸福是由自我所感受。但如果我總是和外界講個不停，要怎麼找到幸福呢？

靜默對許多事情都有益：新的力量、休息、激發創意、靠直覺解決問題等。但靜默最大的價值在於：發展和完善自我的性格。再次引用歌德的話：「要成為一個人，需要人整整的一生。」歌德忘了提及的是：這種成為人的渴望，只有在我們生命中的靜默時刻才會實現。只有在靜默幸福的寧靜片刻中，我們才能找到自我、與自己和這個世界達成和解，並達到一種最接近幸福的安住，也讓我們在外在生活中取得成功。

我祝福你擁有更多這樣的幸福靜默時刻。暫停一下、保持靜默，就是通往幸福之路的指引。如果能在這條路上助你一臂之力，我會非常樂意。你可以透過以下方式和我聯繫：

metatalk Kommunikation + Training

Dr. Cornelia Topf

Weichselweg 1

86169 Augsburg

Tel: 0821-70 48 82

E-Mail: info@metatalk-training.de

Homepage: www.metatalk-training.de

51種技巧，善用安靜讓你更閃耀

1■能保持沉默的人，或是重新學會沉默的人，不僅能贏得尊重，還能獲得前所未有的影響力。

2■當說再多也無濟於事時，不如保持沉默。

3■說話和沉默的效果最好取得平衡：少說，多沉默。

4■少說、多沉默的人，看起來更強大、自信、更能主導一切，也更容易讓人信服。

5■沉默之所以如此有效，是因為它能出人意料之外、激發、激勵一個人、打斷互動遊戲，讓人重新開始思考，並且緩和對話的緊張氛圍。

沉默有策略

6 ■ 儘管沉默的效果非常顯著，但不容易做到。這是因為德國的文化對於沉默一直有負面的看法。能認清並克服這種文化偏見的人，會獲得一種非常有效的溝通工具。

7 ■ 衡量一下，在這個具體環境下何者對我更有利——說話，還是沉默？

8 ■ 能在適當時機保持沉默的人，會顯得更聰明、自信、善解人意、可靠且值得信賴。同時，他們也能更了解對方。

9 ■ 保持沉默，才能想出一句強而有力的句子，這句話能讓其他的解釋顯得多餘。然後說出這個句子，並再次保持沉默——這可以稱為「三明治式的沉默」。

10 ■ 如果有人挑釁或侮辱你，保持沉默，然後冷靜回應，並且再次保持沉默。

11 ■ 如果一個人無法保持沉默，這反映了他能有多大的自主性？又有多大的程度不受外界支配？可以保持沉默的人，就是有自主

沉默有策略

能力的人。

12 ■ 保持沉默的能力觸及了一個最根本的問題：你想要什麼樣的生活？你想成為什麼樣的人？

13 ■ 基本上每個人都會沉默，我們要做的只是閉緊嘴巴，就這麼簡單。

14 ■ 如果我們依然沒有閉嘴沉默，那必然有充分的理由，請仔細探究這些理由。

15 ■ 如果在某些特定場合你無法保持沉默，隱藏在背後的是哪些信念或恐懼？

16 ■ 在這些情況下，會觸動你哪些情緒？

17 ■ 一直保持沉默也不是好辦法：你要有意識地講話，也必須有意識地沉默。

18 ■ 靜默令人恐懼，但有時我們應該刻意尋求它。

19 ■ 只有在靜默中，你才能認識生命中最重要的人：自己。

20 ■ 只有在靜默中，我們才能找到世界的意義、最大的動力，以及沉著和自信。

21 ■ 通往自我的最快方式就是內心對話，與自己多個人格面向進行對話。這種對話也能減輕我們對於靜默的恐懼。

22 ■ 訓練你的內心對話，學習以好奇、不帶指責、開放與尊重的態度，與自己對話。就像一個自己最好的朋友（即使不存在、也無法存在）和你說話一樣。與自己對話——然後在這個過程中，體會到最驚奇的感受。

23 ■ 透過運動找到通往靜默的道路。

24 ■ 當你經歷尷尬的沉默時，應該先問問自己，究竟是什麼原因才會讓自己把無害的沉默當成尷尬。這樣一來，你會發現自己其實可以更自在。

25 ■ 不要試著去參與自己無法參與的對話，保持沉默，等待一個合適的時機，再加入對話，這樣你就可以度過每一個「尷尬」的

沉默有策略

沉默。

26■每當感到尷尬的沉默時，我們不應該刻意掩飾，而是用智慧的方式去化解：陳腔濫調無濟於事，誠實和機智才是解決之道。

27■真正尷尬的是，對錯誤的事情視而不見的怯懦式沉默。在這種情況下，我們應該直言不諱。

28■當我們和各式各樣的人交談時，通常只會專注在自己想說的話，但這是不夠的。在任何交流中，我們應該先考慮沉默，同時也應該特別考慮沉默。

29■養成一個習慣：在任何情況下，都要先短暫地沉默，然後思考。即使你早就知道答案了，也應該如此。

30■當有人對你挑釁或操弄時，用凶狠的眼神配合攻擊性的沉默！

31■在談判中，策略性地運用你的沉默。

32■沉默可以幫助你探索他人的期望。

沉默有策略

33 ■練習走走停停，說一句簡潔有力的話，然後保持沉默，給對方一些時間思考與消化。

34 ■多練習保持沉默！

35 ■專注在你說的話，同樣也要注意你說話的方式。俗話說：音調決定音樂。

36 ■更準確地說：休止符也是音樂的一部分。

37 ■理解、同情和贊同雖然也是在說話中產生，但更重要的是，說話結束後的停頓。請給予足夠的停頓來思考和理解。

38 ■在每個主要句子之後、每個「和」、「或者」之前、每個逗號後面，就刻意停頓一下。

39 ■刻意停頓的時候，保持和對方的眼神接觸，用手勢和表情來加強你的刻意停頓。

40 ■只有當你能觸動對方時，才會產生效果。暫停一下，觸動對方。

沉默有策略

41 ■ 不要再讓這個時代的噪音折磨你了，起來反抗！但不是以不知變通、攻擊性或被動反擊的方式，而是以聰明的方式。

42 ■ 聰明的反擊方式包括：試著理解對方為什麼一直說話，並滿足這個需求，這樣就能讓對方保持沉默。最常見的需求有：關注、認可、關心、肯定。

43 ■ 你也可以來硬的：大聲叫對方的名字、持續打斷對方、用非語言的方式表達拒絕、故意保持沉默，或是直接結束對話。

44 ■ 當你變強硬時，別擔心，只要態度友好，大家還是會喜歡你。

45 ■ 不要讓人對你得寸進尺！要承擔起主導對話流程的責任（那個話多的人顯然不會這樣做）：就算是日常對話，你也應該進行主導。

46 ■ 新的力量，你無法從滔滔不絕的談話中、網路中、耳機音樂中找到。新的能量，你只能從靜默中汲取。

47 ■ 靜默並不是沒有噪音源就好了，靜默的意思是：保持沉默並用

沉默有策略

心去感知眼前的一切，尤其是那些讓人不舒服的念頭和感覺。

48■處於壓力下的人很容易變得急躁，但是急躁解決不了問題。有個矛盾的小祕訣：身處壓力時，如果可以刻意暫停並保持靜默，就能克服困難。

49■只有在靜默中，你才能保持距離和發現你的直覺，也就是你智慧的泉源。

50■只有在（書寫的）靜默中，你才能探索到你生命的意義。

51■將靜默的時刻儀式化，幫助非常大。

Eurasian Publishing Group
圓神出版事業機構
用心與你對話・網野無限寬廣
先覺出版社
Prophet Press

www.booklife.com.tw　　reader@mail.eurasian.com.tw

人文思潮 180

51種沉默的技巧：提升溝通層次，更有效的說服

作　　者／柯內莉亞・托芙（Cornelia Topf）
譯　　者／林繼谷
發 行 人／簡志忠
出 版 者／先覺出版股份有限公司
地　　址／臺北市南京東路四段50號6樓之1
電　　話／（02）2579-6600・2579-8800・2570-3939
傳　　真／（02）2579-0338・2577-3220・2570-3636
副 社 長／陳秋月
副總編輯／李宛蓁
責任編輯／林淑鈴
校　　對／李宛蓁・林淑鈴
美術編輯／蔡惠如
行銷企畫／陳禹伶・鄭曉薇
印務統籌／劉鳳剛・高榮祥
監　　印／高榮祥
排　　版／莊寶鈴
經 銷 商／叩應股份有限公司
郵撥帳號／ 18707239
法律顧問／圓神出版事業機構法律顧問　蕭雄淋律師
印　　刷／祥峰印刷廠
2025年4月　初版

This translation published by arrangement with GABAL Verlag GmbH
Copyright © 2010 by GABAL Verlag GmbH.
Original title: Einfach mal die Klappe halten
Complex Chinese edition copyright © 2025 by Prophet Press,
an imprint of Eurasian Publishing Group
ALL RIGHTS RESERVED.

定價 420 元　　ISBN 978-986-134-531-4　版權所有・翻印必究

◎本書如有缺頁、破損、裝訂錯誤，請寄回本公司調換　　Printed in Taiwan

我們通常都以爲，所謂的「口才好」，就是口若懸河，可以滔滔不絕地說話。其實，口才好的人，都懂得巧妙運用沉默的時間。

——《說話的戰略：一生受用的思考與技術》

◆ **很喜歡這本書，很想要分享**

圓神書活網線上提供團購優惠，
或洽讀者服務部 02-2579-6600。

◆ **美好生活的提案家，期待為您服務**

圓神書活網 www.Booklife.com.tw
非會員歡迎體驗優惠，會員獨享累計福利！

國家圖書館出版品預行編目資料

51種沉默的技巧：提升溝通層次，更有效的說服／柯內莉亞．托芙（Cornelia Topf）著；林繼谷 譯 -- 初版. --臺北市：先覺, 2025.4

352 面；14.8×20.8公分 --（人文思潮：180）
譯自：Einfach mal die Klappe halten: Warum Schweigen besser ist als Reden
ISBN 978-986-134-531-4（平裝）
1.CST：說話藝術　2.CST：溝通技巧　3.CST：情緒管理
192.32　　114001956